DOUTORES DA IGREJA

MULHERES E HOMENS VERSADOS EM DEUS

Carlo Pertusati

DOUTORES DA IGREJA

MULHERES E HOMENS VERSADOS EM DEUS

Tradução
D. Hilário Moser

EDITORA SANTUÁRIO

Direção editorial: Pe. Fábio Evaristo R. Silva, C.Ss.R.
Pe. José Luís Queimado, C.Ss.R.

Coordenação editorial: Ana Lúcia de Castro Leite
Tradução: Dom Hilário Moser
Copidesque e Revisão: Kalima Editores
Diagramação: Gledson Zifssak

Título original: Dottori della Chiesa: donne e uomini esperti di Dio

Translated from the Italian edition, titled Dottori della Chiesa
by Carlo Pertusati.

Dados Internacionais de Catalogação na Publicação (CIP) de acordo com ISBD

F469d Pertusati, Carlo

Doutores da Igreja: mulheres e homens versados em Deus / Carlo Pertusati. – Aparecida: Editora Santuário, 2023.
152 p.; 15,7cm x 23cm.

Inclui índice e bibliografia.
ISBN: 978-65-5527-322-9

1. Religião. 2. Cristianismo. 3. Igreja. I. Título.

2023-1113 CDD 240
CDU 24

Elaborado por Odilio Hilario Moreira Junior – CRB-8/9949

Índice para catálogo sistemático
1. Religião: Cristianismo 240
2. Religião: Cristianismo 24

1ª impressão

Rua Pe. Claro Monteiro, 342 – 12570-045 – Aparecida-SP
Tel.: 12 3104-2000 – Televendas: 0800 - 0 16 00 04
www.editorasantuario.com.br
vendas@editorasantuario.com.br

Em memória de minha tia e madrinha Elide,
que me ensinou a escrever as primeiras letras do alfabeto,
para depois me transmitir o amor à leitura.

SUMÁRIO

Prefácio 9

INTRODUÇÃO – OS PRIMEIROS PADRES DA IGREJA

I. Clemente Romano 15
II. Inácio de Antioquia e Policarpo de Esmirna 17
III. Justino 19
IV. Clemente Alexandrino 21
V. Orígenes 24
VI. Tertuliano 27
VII. Cipriano 30

1 – UM SÓ DOUTOR DA IGREJA NOS PRIMEIROS TRÊS SÉCULOS

1.1. Ireneu de Lião *doctor unitatis* 33
1.2. O doutor mais antigo, escolhido pelo papa Francisco 35

2 – OS DOUTORES DO PERÍODO ÁUREO DOS PADRES DA IGREJA

2.1. Atanásio de Alexandria 40
2.2. Basílio de Cesareia e Gregório de Nazianzo 43
2.3. Cirilo de Jerusalém 49
2.4. João Crisóstomo 52
2.5. Cirilo de Alexandria 55
2.6. Hilário de Poitiers 58
2.7. Ambrósio de Milão 60
2.8. Agostinho de Hipona 63
2.9. Jerônimo, o Dálmata 70
2.10. Efrém, o Sírio 74
2.11. Leão Magno e Pedro Crisólogo 76

3 – OS DOUTORES MEDIEVAIS

3.1. Os últimos padres da Igreja 81
3.1.1. Gregório Magno 81
3.1.2. Isidoro de Sevilha 84
3.1.3. Beda, o Venerável 86
3.1.4. João Damasceno 88

3.2. Os monges ... 91
3.2.1. Gregório de Narek ... 91
3.2.2. Pedro Damião ... 94
3.2.3. Anselmo de Aosta ... 96
3.2.4. Bernardo de Claraval ... 99
3.3. As místicas ... 101
3.3.1. Hildegarda de Bingen ... 102
3.3.2. Catarina de Sena ... 104
3.4. Os doutores das ordens mendicantes ... 107
3.4.1. Antônio de Pádua ... 107
3.4.2. Alberto Magno ... 110
3.4.3. Boaventura de Bagnoregio ... 112
3.4.4. Tomás de Aquino ... 114

4 – OS DOUTORES DA ÉPOCA MODERNA

4.1. Os espanhóis de 1500 ... 119
4.1.1. João de Ávila ... 119
4.1.2. Teresa d'Ávila ... 122
4.1.3. João da Cruz ... 124
4.2. Os jesuítas ... 126
4.2.1. Pedro Canísio ... 127
4.2.2. Roberto Bellarmino ... 129
4.3. O capuchinho Lourenço de Brindisi ... 131
4.4. Os doutores do amor divino ... 133
4.4.1. Francisco de Sales ... 133
4.4.2. Afonso Maria de Ligório ... 135

5 – UM SÓ DOUTOR NA ÉPOCA CONTEMPORÂNEA

5.1. Teresa de Lisieux *doctor amoris* ... 139
5.2. A declaração de João Paulo II ... 142

APÊNDICE

Os doutores segundo o ano de nascimento e morte ... 145
Os doutores segundo o século de morte ... 146
Os doutores segundo o ano e o papa de proclamação ... 146
Número de proclamações doutorais por século ... 147
Numero de proclamações doutorais por papa ... 148
Os doutores em ordem alfabética, com as datas litúrgicas ... 148

BIBLIOGRAFIA ACONSELHADA

Padres da Igreja ... 151
Doutores da Igreja ... 152
História da teologia ... 152
História da Igreja ... 152

PREFÁCIO

"Doutor da Igreja" é um título atribuído a mulheres e homens por parte da Igreja Católica desde o final do século XIII. Mediante seus escritos, os doutores enriqueceram o magistério da Igreja e nutriram o espírito de muitos leitores ao longo dos séculos. Podemos defini-los como um patrimônio da Igreja que merece ser compartilhado com quem quiser conhecer o pensamento cristão e dele haurir ensinamentos espirituais. Naturalmente, há muitíssimos escritores cristãos de valor que não foram declarados doutores da Igreja, embora tenham contribuído para enriquecer esse patrimônio. Os doutores são apontados como merecedores de especial atenção.

A peculiaridade do presente texto está em apresentar não só todos os doutores num único volume ágil, mas também os padres da Igreja dos primeiros séculos, aos quais é dedicada a introdução. Pouquíssimas são as publicações reservadas aos doutores da Igreja, entre as quais cito a de Bernard McGinn (v. bibliografia). Por isso, um novo livro pode enriquecer a divulgação dessas figuras, nem todas muito conhecidas. Bento XVI dedicou diversas catequeses aos padres, "mães", doutores e mestres da Igreja, as quais merecem ser lidas.

Compete ao papa pessoalmente declarar um doutor da Igreja. A partir da idade moderna, porém, a solicitação formal é feita pela Congregação das Causas dos Santos que, por sua vez, precisa obter o parecer favorável da Congregação para a Doutrina da Fé quanto à "doutrina eminente". Esta expressão significa que os ensinamentos do candidato ao doutorado devem caracterizar-se, não só pela ortodoxia da doutrina, mas também pela profundidade teológica e espiritual.

A *doutrina eminente* é o primeiro dos três critérios que permitem conferir o título, conforme estabeleceu um decreto de Bento XIV (1740-1758), retomado pela Congregação das Causas dos Santos em 1982. Os outros dois critérios são a *santidade de vida* e a *aprovação por parte do papa* ou de um concílio ecumênico, embora esta última instância nunca se tenha verificado. A constituição apostólica *Praedicate Evangelium* do papa Francisco a respeito da reforma da Cúria Romana (2022) confirma a competência do Dicastério das Causas dos Santos, após ouvir o

Dicastério da Doutrina da Fé. Atualmente são as conferências episcopais, uma diocese ou as ordens e congregações religiosas que solicitam ao dicastério competente a abertura de uma causa, confiando-a a um postulador, que pode ser também leigo, mulher ou homem. Remetemos ao breve texto de Paulo Wodrazka (v. bibliografia) para conhecer o percurso, que às vezes dura decênios e que, em caso de êxito positivo, leva a conferir o título doutoral por parte do papa. Neste caso, é publicado um documento apropriado que, nos últimos tempos, quase sempre é proclamado no contexto de uma celebração litúrgica.

No tempo de Bonifácio VIII (1294-1303) o título de "doutor" já era atribuído de modo informal a uns trinta teólogos e uns dez canonistas; mas isto ocorria no mundo acadêmico. O papa quis conferir-lhe um significado eclesial e litúrgico. Por isso, em 1295 decidiu atribuir o título de "doutor da Igreja" aos que tradicionalmente são considerados os quatro grandes padres da Igreja do mundo latino.

Deve-se esperar por Pio V (1566-1572) para assistir a novas proclamações de doutores. Em 1567 coube a Tomás de Aquino, dominicano como o próprio sumo pontífice, inaugurar a possibilidade de definir doutores também os teólogos que viveram depois da época patrística. No ano seguinte foi a vez dos quatro grandes padres da Igreja do mundo grego, contrabalançando assim a opção pelos latinos por parte de Bonifácio VIII. Tocou a Sisto V buscar um equilíbrio entre dominicanos e franciscanos, proclamando doutor da Igreja, em 1588, Boaventura de Bagnoregio, contemporâneo de Santo Tomás. Verdade é que Sisto V era franciscano, como Boaventura, mas a importância da decisão desse papa consiste em ter superado a ideia de que Tomás fosse o único teólogo da época pós-patrística a merecer o doutorado.

Passará mais de um século antes de haver uma nova declaração. O cultíssimo Clemente XI (1700-1721), em 1720, proclama doutor Anselmo de Aosta. Desde então, as declarações doutorais tornam-se uma praxe para muitos papas. Começando com Bento XV (1914-1922), todos os papas declararam pelo menos um doutor da Igreja, menos João Paulo I.

A partir de 1666, a importância dos primeiros doutores da Igreja assumiu especial visibilidade no monumento da Cátedra de São Pedro, criação genial de Bernini na abside da basílica vaticana. A cátedra é sustentada por quatro grandes estátuas de doutores da Igreja: na frente, dois latinos (Ambrósio e Agostinho), atrás, dois gregos (Atanásio e Crisóstomo). As Igrejas Ortodoxas não usam a expressão "doutor da Igreja" em sentido específico; reservam o título de "Santos Hierarcas" a Basílio de Cesareia, Gregório de Nazianzo e João Crisóstomo.

Sendo necessária a declaração papal, é possível enumerar com precisão os doutores. Atualmente são trinta e sete: catorze pertencem ao tempo antigo, catorze à Idade Média, oito à época moderna e um à contemporânea. Neste texto são apresentados em ordem cronológica, no contexto de três períodos e três capítulos que correspondem à *Igreja antiga* (II), à *Idade Média* (III) e à *época moderna* (IV). O primeiro capítulo é dedicado ao autor mais antigo: Ireneu de Lião, proclamado doutor pelo papa Francisco em 2022, que em 2015 já havia proclamado outro doutor, Gregório de Narek. Parece que estas duas declarações ocorreram sem receber muita atenção; por isso merecem ser divulgadas, inclusive pelo seu significado ecumênico. Também é dedicado um capítulo específico a Teresa de Lisieux, único doutor da época contemporânea. É a única declaração feita por João Paulo II, apesar de seu longo pontificado e das inumeráveis beatificações e canonizações realizadas por ele.

Dezoito doutores viveram no primeiro milênio, outros dezoito no segundo, ao passo que Gregório de Narek viveu entre o primeiro e o segundo milênio. Ireneu de Lião é o único que viveu antes do primeiro concílio ecumênico da história, celebrado em Niceia em 325, e também o único mártir entre os doutores. Antes do papa Francisco ninguém tinha declarado um doutor pertencente a um período em que a doutrina teológica ainda não estava consolidada em alguns pontos essenciais, como os dogmas trinitários e cristológicos.

Somente dois papas foram declarados doutores: Leão e Gregório, ambos ornados com o título de Magno; e há somente três cardeais: Pedro Damião (que renunciou ao título de cardeal dez anos após tê-lo recebido), Alberto Magno e Roberto Bellarmino; haveria um quarto cardeal, Pedro Canísio, mas ele recusou a púrpura. Vinte e um doutores são bispos, catorze viveram no século VIII, quatro na Baixa Idade Média (dos quais três se demitiram ainda na plenitude das forças) e três na época moderna. Isto indica que depois da época patrística não há nenhum liame estreito entre teologia e episcopado. Os doutores do segundo milênio pertencem quase todos a ordens religiosas (com frequência são professores em cátedras universitárias ligadas às Ordens), que representam o contexto em que se formaram e ofereceram sua contribuição teológica.

As mulheres são quatro, todas proclamadas depois do concílio Vaticano II. É Paulo VI (1963-1978) o primeiro papa a declarar doutor da Igreja uma mulher, aliás, duas: Teresa d'Ávila e Catarina de Sena, em celebrações distintas. Vêm em seguida João Paulo II (1978-2005) e Bento XVI (2005-2013), que declaram doutor da Igreja respetivamente Teresa de Lisieux e Hildegarda de Bingen. O papa Montini, em outubro de 1967, havia encarregado a Congregação dos Ritos de estudar se era possível conceder o título de doutor da Igreja a mulheres e, no mesmo mês, durante um congresso mundial do apostolado dos leigos, anunciou seu propósito de conferir esse título a Teresa e Catarina, antes ainda de obter o *placet* do dicastério consultado.

Devemos, todavia, acrescentar uma observação expressa por Paulo VI durante a homilia pronunciada por ocasião da atribuição do doutorado a Teresa d'Ávila, em 1970. Ele afirma que a proclamação não exime de recordar o texto do apóstolo Paulo, o qual não permite às mulheres falarem durante as assembleias, "o que significa, ainda hoje, que a mulher não está destinada a ter na Igreja funções hierárquicas de magistério e de ministério". O papa se questiona se, por acaso, ele teria violado o preceito paulino, e responde negativamente, pois o título de doutor é um título que não comporta "funções hierárquicas de magistério e de ministério". Seguem alguns elogios à função da mulher na Igreja em virtude do sacerdócio batismal e o testemunho de que muitas mulheres chegaram aos cimos mais elevados, iluminando seus irmãos. Paulo VI, portanto, faz uma grande inovação ao declarar duas mulheres doutores da Igreja, mas acentua que o fato não deve ser interpretado como uma abertura da Igreja Católica a confiar às mulheres funções hierárquicas e ministeriais.

Todos os doutores são venerados como santos e seus nomes fazem parte do Calendário Romano Geral, o que indica a especial consideração que a Igreja Católica lhes dedica: de fato, no calendário oficial, os santos são somente aproximadamente duzentos. As últimas inserções de doutores no calendário remontam ao pontificado de Francisco: no dia 25 de janeiro de 2022 foram inscritos Gregório de Narek, João de Ávila e Hildegarda de Bingen (os últimos dois tinham sido declarados doutores por Bento XVI) e no dia 21 de janeiro de 2022 foi acrescentado o título de doutor a Ireneu de Lião, já presente no calendário como mártir. Quanto a isto, deve-se citar um documento da Congregação das Causas dos Santos de 1982, segundo o qual "os dois títulos são acumuláveis na mesma pessoa".

Metade dos doutores são padres da Igreja: trata-se de autores dos primeiros séculos da era cristã, que com suas obras contribuíram de forma decisiva à geração e à consolidação do pensamento cristão, criando uma estrutura estável e insubstituível à qual se pode apelar. Muitos deles foram protagonistas dos primeiros concílios ecumênicos, diretamente ou mediante seus escritos. Tradicionalmente são considerados padres da Igreja os que respondem a quatro critérios: *antiguidade, ortodoxia, santidade* e *reconhecimento por parte da Igreja.* Não se trata de um reconhecimento formal, mas por parte da tradição, de tal forma que não existe um elenco determinado de padres da Igreja, embora muitos deles sejam citados como tais pelo magistério. Os mais conhecidos e estudados são algumas dezenas, mas os manuais de patrologia elencam uma centena. Quanto ao critério da antiguidade, parte-se das origens para chegar até a metade do século VIII, antes do último dos sete concílios, quando Roma e Constantinopla ainda estavam unidas: isto é, o segundo concílio de Niceia (787), que recolhe a doutrina inclusive dos últimos padres da Igreja.

Se muitos doutores são padres da Igreja, nem todos os padres da Igreja são doutores. Os padres da Igreja são estudados por três disciplinas: a *patrologia,* disciplina histórica que trata de sua vida e de suas obras; a *patrística,* disciplina teológica que trata de seu pensamento; a *literatura cristã antiga*, disciplina humanista que trata deles enquanto representantes da literatura, particularmente grega e latina. Neste texto apresentamos brevemente a vida, as obras e os pontos principais do pensamento, como para os demais doutores. Não existe uma disciplina que trate de modo específico dos doutores da Igreja.

É frequente subdividir o estudo dos padres da Igreja em três períodos: a *antiguidade* ou o período pré-niceno, isto é, os primeiros três séculos da era cristã; o *período áureo*, entre os concílios de Niceia (325) e o de Calcedônia (451); a *patrística tardia* (da metade do século V até a metade do século VIII). Trataremos dos antigos padres da Igreja na ampla introdução (onde são situados, dado que não foram declarados doutores), à parte Ireneu, para o qual é reservado o capítulo I; aos padres da Igreja do período áureo é dedicado o capítulo II; da patrística tardia (já estamos na Idade Média) trata a primeira parte do capítulo III, chegando ao qual podemos dispor de um quadro sintético, mas completo, dos padres da Igreja, desde as origens até João Damasceno, que a tradição considera como o último deles.

O apêndice é constituído por tabelas, úteis não somente para satisfazer alguma curiosidade, mas também para compor um quadro histórico. Haveremos de consultá-las com frequência durante a leitura do livro e provavelmente também depois!

Uma nota a respeito de alguns termos: o substantivo *doutor*, mesmo no caso de mulheres contempladas com esse título, é empregado sempre no *masculino*, em conformidade com a linguagem própria dos papas. O mais das vezes é omitido o adjetivo *santa ou santo* antes dos nomes dos padres da Igreja e dos doutores, considerando-o desnecessário. Os organismos da Cúria Romana, que antes levavam o nome de *congregações* ou *conselhos pontifícios*, a partir de 2022 se definem como *dicastérios.* Para indicar o ministro ordenado utilizamos o termo *presbítero* em vez de *sacerdote*, dado que este último termo também se aplica a uma das dimensões conferidas aos cristãos pelo batismo.

INTRODUÇÃO
OS PRIMEIROS PADRES DA IGREJA

Entre os padres da Igreja dos primeiros três séculos, apresentamos os mais conhecidos. Clemente Romano, Inácio de Antioquia e Policarpo de Esmirna são padres *apostólicos*, isto é, viveram na época imediatamente seguinte à dos apóstolos. Justino pertence ao grupo dos padres *apologistas*, entre a metade do século II e início do século III; a palavra *apologia* significa *defesa;* esses padres são intelectuais que se propõem defender os cristãos, escrevem abertamente às autoridades romanas para pedir a concessão da liberdade de expressão e de culto e intervêm no debate público. Clemente Alexandrino e Orígenes são os primeiros grandes mestres de Alexandria no Egito dos quais possuímos escritos. Tertuliano e Cipriano são os mais importantes autores cristãos de língua latina e vivem em Cartago. Ireneu de Lião, ao qual é dedicado o capítulo I, na cronologia patrística é situado entre Justino e Clemente Alexandrino.

I. Clemente Romano

É o primeiro autor cristão de quem conhecemos o nome, depois dos escritores do Novo Testamento. Podemos defini-lo como o primeiro padre da Igreja, embora antes de sua obra tenha sido redigida pelo menos outra, mas anônima: a *Didaqué*. Dispomos de pouquíssimos dados sobre Clemente, terceiro sucessor do apóstolo Pedro como bispo de Roma e autor de uma *Carta aos Coríntios*, frequentemente precedida pelo adjetivo *primeira*, dado que existe uma segunda atribuída a ele, mas que já Jerônimo, o Dálmata, considerava pseudoepigráfica. Seu episcopado situa-se no último decênio do século I e termina com o exílio em Quérson (na Crimeia), para onde é enviado pelo imperador Trajano e onde morre em torno do ano 100. Desde a antiguidade é venerado como mártir. No século IX, Cirilo e Metódio testemunharam ter encontrado suas relíquias na Crimeia e levaram-nas ao papa Nicolau I, para testemunhar que sua missão de evangelização dos povos eslavos, iniciada por mandato do patriarca de Constantinopla, era realizada em comunhão com Roma. O papa mandou colocá-las na basílica constantiniana dedicada a Clemente, onde será sepultado também Cirilo, falecido durante sua permanência em Roma.

A carta à Igreja de Corinto pode ser datada de 96-97. Está escrita em grego, fato que lembra que as primeiras gerações dos cristãos de Roma pertencem a essa área linguística. A carta representa a intervenção numa comunidade oriental pelo bispo de Roma, o que testemunha a autoridade de Clemente e de sua sede. O motivo do escrito é um chamado à unidade e ao amor fraterno, nas pegadas das cartas do apóstolo Paulo e dos muitos exemplos extraídos da Bíblia; de fato, há divisões em ato entre os Coríntios, em cuja comunidade foram depostos alguns presbíteros por inveja e faciosismo. O bispo de Roma nos oferece também algumas notícias sobre a perseguição e o martírio de Pedro e Paulo.

Clemente usa imagens extraídas da cultura clássica, como a da fênix árabe, única ave de sua espécie, que vive quinhentos anos e "na proximidade da morte constrói para si um ninho com incenso, mirra e outros aromas e, chegando sua hora, entra nele e morre". De sua carne nasce um verme que se torna uma nova fênix e que, voando, leva os ossos do pai para Heliópolis, onde os sacerdotes constatam o acontecimento. O bispo de Roma não duvida em referir esta lenda narrada por Heródoto, vendo nela um sinal do poder de Deus que fará ressurgir os que creem nele e o seguem numa vida digna. É um exemplo de diálogo intercultural, oferecido com naturalidade por Clemente. Ao mesmo tempo, por primeiro, usa uma expressão significativa: a *paideia* (educação, ensino) de Cristo referida aos filhos dos cristãos. Se existe a *paideia* clássica, sistema educativo do mundo helenista, existe também a *paideia* cristã, que consiste em transmitir o exemplo de Cristo.

Na carta é também interessante observar a presença do conceito clássico de laicato:

> "Ao grande sacerdote [o bispo] são conferidos particulares ofícios litúrgicos; os presbíteros ocupam um lugar próprio e os levitas [provavelmente os diáconos] desempenham serviços próprios; o leigo vive de acordo com preceitos próprios dos leigos".

Terminamos referindo o início da carta: "A Igreja de Deus que é peregrina em Roma à Igreja de Deus que é peregrina em Corinto". Esta linguagem se aplica a todas as comunidades cristãs. A consciência de estar a caminho é própria da Igreja antiga, como será expresso alguns anos mais tarde por uma testemunha anônima, a *Carta a Diogneto*, na qual dos cristãos se escreve que para eles "toda terra estrangeira é sua pátria e toda pátria é terra estrangeira".

II. Inácio de Antioquia e Policarpo de Esmirna

São bispos da área oriental que nos deixam escritos de caráter epistolar e ambos são mártires. Inácio é o autor por excelência dentre os padres apostólicos: é o terceiro bispo da Igreja de Antioquia depois do apóstolo Pedro e do bispo Evódio. Durante a perseguição de Trajano é condenado às feras e levado a Roma em cadeias, em torno do ano 110. Inácio é provavelmente o bispo mais conhecido da sua época. Foi uma jogada espetacular do imperador condená-lo à morte no Circo Máximo, no coração da capital, num espetáculo público. Durante o trajeto, o bispo antioqueno escreve sete cartas, que chegaram a nós como seus únicos escritos. Cinco são dirigidas a cinco comunidades cristãs da Ásia Menor, uma aos Romanos e uma a Policarpo, bispo de Esmirna, que fora discípulo do apóstolo João. Numa parada em Esmirna, os dois bispos amigos se encontram pela última vez e Inácio confia a Igreja de Antioquia a Policarpo.

Policarpo nasce em torno do ano 70 e morre em 155 ou 156. Escreve algumas cartas, mas a nós chegou somente a dirigida aos Filipenses, que lhe tinham pedido para enviar as cartas de Inácio. O bispo de Esmirna escreve: "Delas podereis tirar muito proveito, pois contêm fé, paciência e tudo o que edifica em Nosso Senhor". O texto é de caráter parenético e contém alusões à presença do apóstolo Paulo em Filipos e à carta escrita a esta Igreja. Depois do martírio do bispo com 86 anos, "a Igreja de Deus que é peregrina em Esmirna" escreve uma carta "à Igreja de Deus que é peregrina em Filomela e a todas as comunidades da Igreja santa e católica de todas as partes".

A carta mais conhecida de Inácio é a dirigida aos Romanos, com a intenção de que seja lida antes de sua chegada. No início das suas cartas ele se define Teóforo, isto é, portador de Deus, como era chamado. Na carta aos Romanos está contida uma expressão que ficará famosa: Inácio escreve que a Igreja de Roma "preside na caridade". A Igreja Católica até hoje apela a esta expressão para afirmar que o primado do bispo de Roma é testemunhado num texto antigo. Na verdade, antes ainda de Inácio, a Igreja apela ao fato de Clemente ter escrito aos Coríntios, comunidade que não pertencia à sua jurisdição. Será preciso, porém, chegar a Cipriano, no século III, para encontrar alguma expressão significativa quanto ao papel da assim chamada cátedra de Pedro. Inácio tem muito respeito pela sé de Roma e liga seu prestígio ao fato de ali terem pregado e dado a vida os apóstolos Pedro e Paulo. Ele escreve a respeito da sua "presidência", entendendo referir-se à caridade, não à jurisdição. Realmente, seria anacrônico afirmar que no início do século II o bispo de Roma se considerasse chefe da Igreja universal. Por sua vez, é também significativo que seja sublinhado o primado e o prestígio da sé duplamente apostólica.

O cerne do ensinamento de Inácio é o *kerigma*, ou seja, o anúncio essencial da fé cristã, que permeia suas cartas e que ele liga à própria disponibilidade a morrer. O bispo antioqueno trata especificamente de três temas: o papel do bispo, a disputa com os docetas e o martírio. Oferece-nos um testemunho muito forte a respeito do bispo, referindo também como era composta a Igreja da época. Na carta aos Efésios ele escreve: "Convém agir em harmonia com a mente do bispo, como já fazeis. De fato, o vosso presbitério já famoso, digno de Deus, está em harmonia com o bispo como as cordas com a cítara". Esta metáfora é significativa e traduz a experiência litúrgica, dado que o canto dos salmos e também dos primeiros hinos cristãos se dava mediante o acompanhamento da cítara. Esta representa o bispo, as cordas os presbíteros, a assembleia o coro: "Cada qual faça coro, de tal modo que, concordes na comunhão de sentimentos, afinando com o tom de Deus na unidade, canteis a uma só voz por Jesus Cristo ao Pai". À harmonia litúrgica deve corresponder a caridade fraterna, a fim de que o Pai ouça e reconheça seus filhos mediante suas boas obras. Quanto à necessidade da coerência, ele escreve aos Efésios: «É melhor calar e ser do que falar e não ser» e «quem possui realmente a palavra de Jesus pode também observar seu silêncio, para ser perfeito, para pôr em prática o que diz e ser reconhecido pelo que não diz".

Inácio enfrenta uma das primeiras heresias: o docetismo. Os seguidores desta doutrina consideram que a encarnação do Filho de Deus foi só parcial ou só aparente; assumem o nome do termo grego, que significa opinião, aparência. O problema comum dos docetas e de outros pensadores do mundo antigo consiste precisamente em não crer que Deus, invisível e distante, tenha podido assumir carne humana. Esta tendência já é testemunhada nas Sagradas Escrituras por João, quando afirma em sua primeira carta que quem não crê que Jesus Cristo veio na carne é anticristo. Este texto é citado na carta de Policarpo aos Filipenses, sempre em função do antidocetismo.

Inácio afirma com força a fé na encarnação. Aos Magnésios escreve:

> "Sede surdos quando alguém vos fala de outra coisa e não de que Jesus Cristo, da estirpe de Davi, filho de Maria, realmente nasceu, comeu e bebeu, e realmente foi perseguido sob Pôncio Pilatos, verdadeiramente foi crucificado e morreu perante os seres celestes, terrestres e subterrâneos. Ele verdadeiramente ressurgiu dos mortos, pois seu Pai o fez ressuscitar; da mesma forma o Pai fará ressuscitar em Jesus Cristo também a nós que cremos nele, sem o qual não temos a verdadeira vida".

Escrevendo ao Tralianos acrescenta seu testemunho:

> "Se, como dizem alguns ateus, gente sem fé, que ele sofreu só na aparência – na verdade, eles é que são mera aparência – se é assim, por que eu estou aqui preso,

> por que peço para combater contra as feras? Nesse caso, eu iria morrer em vão! Eu estaria dizendo mentiras contra o Senhor".

Como se vê, Inácio apresenta como testemunho da verdade da ressurreição o fato de estar em cadeias e se preparando para enfrentar a morte.

É precisamente o martírio o centro da carta aos Romanos, na qual pede aos cristãos que não intercedam de forma inoportuna diante das autoridades para uma eventual soltura, mesmo se fosse ele mesmo a pedi-lo:

> "Eu escrevo a todas as Igrejas e anuncio a todos que morro de muito boa vontade por Deus, se vós não me impedirdes. Deus se dignou fazer de tal modo que o bispo da Síria se encontrasse aqui, fazendo-o vir do Oriente para o Ocidente: é belo o ocaso em Deus para ressurgir nele".

Inácio usa algumas outras imagens: a do trigo, de sabor eucarístico: "Eu sou o trigo de Deus e sou triturado pelos dentes das feras para me tornar pão puro de Cristo"; e a da água, que remete ao Espírito Santo: "Uma água viva murmura dentro de mim e me diz: Vem para o Pai".

III. Justino

Nasce entre o ano 100 e 110 na Samaria, em Flávia Neápolis (hoje Nablus, Israel), cidade construída no lugar da antiga Siquém. No prólogo do *Diálogo com o judeu Trifão*, uma das três obras que chegaram até nós, ele mesmo narra seu percurso filosófico. Depois de ter frequentado diversas escolas filosóficas, encontra-se com um "velho", que ele não identifica e que é provavelmente figura alegórica da Igreja. O velho lhe explica que antes dos grandes filósofos gregos "viveram homens santos, justos e agradáveis a Deus, que falavam movidos pelo Espírito divino e prediziam os acontecimentos futuros, que agora se realizaram: chamam-nos profetas e são os únicos que viram a verdade e a anunciaram aos homens sem impedimentos". Justino ainda escreve:

> "Aquele velho partiu, exortando-me a não deixar cair em vão suas palavras; quanto a mim, um fogo se ateou imediatamente em minha alma e eu fui tomado pelo amor aos profetas e a esses homens que são amigos de Cristo. Ponderando dentro de mim suas palavras, julguei que esta era a única filosofia segura e proveitosa. Desta forma e por estas razões é que eu sou filósofo e gostaria que todos assumissem esta mesma minha resolução e nunca mais se afastassem das palavras do Salvador".

Justino se dá conta de ter compreendido que a verdade se revelou, que não tem sentido procurá-la em outras partes e que o cristianismo é a verdadeira filosofia; por isto ele continua a usar o manto de filósofo. Assim escreverá também

Jerônimo, o Dálmata, aplaudindo esta opção. Por outro lado, uma das primeiras representações antropomórficas de Jesus nas catacumbas é precisamente a do filósofo: Jesus é o filósofo por excelência, que responde aos grandes questionamentos da vida; aliás, ele mesmo é a própria verdade.

Justino, agora cristão, vai para Roma e ensina publicamente nas proximidades da Coluna de Trajano. É o primeiro grande autor que estabelece uma relação entre fé cristã e filosofia antiga, no que será seguido por Clemente Alexandrino. Uma síntese a respeito das primeiras etapas do pensamento cristão quanto à relação entre fé e razão nós a encontramos na encíclica de João Paulo II *Fides et ratio* (1998). O papa escreve:

> "Como pioneiro de um encontro positivo com o pensamento filosófico, mesmo que tenha sido em termos de um cauteloso discernimento, é preciso recordar São Justino: este, embora conservando, mesmo após a conversão, grande estima pela filosofia grega, afirmava com determinação e clareza ter encontrado no cristianismo a única segura e profícua filosofia".

As outras duas obras de Justino são as *Apologias*, cartas abertas, dirigidas, uma ao imperador e outra ao senado, em que trata da defesa dos cristãos, referindo também alguns aspectos da vida cristã, inclusive a descrição do rito batismo e da eucaristia, e enunciando a sua teologia.

Na introdução da primeira *Apologia*, dirigindo-se ao imperador Antonino Pio, escreve, apelando para a razão:

> "Escrevi este discurso e esta súplica em defesa dos homens de toda estirpe, injustamente odiados e perseguidos, eu que sou um deles. A razão sugere que os que são verdadeiramente pios e filósofos honrem e amem somente a verdade, evitando seguir as opiniões dos antigos, caso sejam falsas. De fato, a reta razão não só sugere que não se siga quem age ou pensa de maneira injusta, mas que – seja qual for a situação – é preciso que quem ama a verdade esteja acima da própria vida, mesmo sendo ameaçado de morte, e que opte tanto por dizer quanto por fazer o que é reto".

Na conclusão afirma:

> "Se o que vos escrevi parecer razoável e verdadeiro, apreciai-o; se parecer estupidez, desprezai-o; todavia, se, de fato, estamos dizendo coisas estúpidas, nem por isso é o caso de aplicardes a pena de morte – como se se tratasse de inimigos – a homens que não têm culpa de nada: se for assim, não nos mandeis matar, basta que não nos deis importância; porém, se estamos dizendo coisas verdadeiras, então, levai-nos em consideração".

O centro da doutrina é o *Logos,* um termo presente em alguns filósofos gregos, bem como no prólogo do Evangelho de João (em português *Logos* é traduzido por *Palavra*). Justino considera que Deus espalhou por toda parte sementes do Logos, tanto na revelação hebraica (o Antigo Testamento da Bíblia cristã) quanto entre os filósofos e legisladores da Grécia antiga. Com a encarnação, o Logos teria levado a termo a revelação. A doutrina das sementes do Verbo será muito bem acolhida e ainda hoje é citada, mesmo reavaliando-a, como paradigma do diálogo entre culturas e religiões. O papa Francisco a usou inclusive em relação aos que vivem numa assim dita situação imperfeita quanto ao matrimônio sacramental.

Justino considera como ações do Logos, isto é, do Filho de Deus, a revelação divina presente no Antigo Testamento, por exemplo, a da sarça ardente. Atribuí-la ao Filho pode ser um modo para salvaguardar a absoluta transcendência do Pai, mas se assim fosse, Justino poderia ser considerado um subordinacionista, isto é, defensor da ideia de que o Filho é subordinado e, portanto, inferior ao Pai, correndo o risco de cair na heresia. Hoje temos consciência de que a teologia trinitária no século II estava nos inícios e se sabe que as grandes questões teológicas foram tratadas de forma completa somente a partir do século IV.

Justino escreve:

> "Os que viveram segundo o Logos são cristãos, embora tenham sido considerados ateus; por exemplo, entre os gregos, Sócrates e Heráclito, e outros semelhantes a eles; entre os bárbaros [os não gregos], Abraão, Ananias, Azarias e Misael e muitos outros".

Como os cristãos dos tempos de Justino, assim os justos do passado foram vítimas da injustiça, porque se tinham aproximado da verdade:

> "Aquele que mais do que qualquer outro se aplicou a isto, Sócrates, foi acusado das mesmas culpas de que somos acusados nós. De fato, ele foi acusado de introduzir novas divindades e de não acreditar nos deuses que a cidade considerava tais".

Também Justino é vítima da injustiça: o filósofo cínico Crescente, movido por inveja, decide denunciá-lo à autoridade romana como cristão. O prefeito Rústico prende Justino e alguns companheiros, como nos referem os *Atos dos mártires*, e depois de um processo sumário são justiçados no dia 1º de junho de um ano entre 163 e 167. Seu túmulo se encontra em Roma, na igreja dos capuchinos, na Via Veneto.

IV. Clemente Alexandrino

Nasce entre 140 e 150, provavelmente em Atenas. Sua formação, semelhante à de Justino, é a dos assim ditos filósofos itinerantes. Encontramo-lo na Grécia, na Itália meridional, na Síria, na Palestina e finalmente em Alexandria do Egito, onde segue as lições daquele que se tornará seu mestre: Panteno, primeiro filósofo cristão alexandrino, do qual possuímos poucas informações. Clemente chega ao cristianismo; não sabemos com certeza se se tornou presbítero. No início do século III, durante a perseguição de Setímio Severo, refugia-se na Palestina e depois vai para a Capadócia. Não temos mais notícias dele depois de 215.

Em sua escola pessoal, ele propõe um percurso corajoso de convergência entre a cultura filosófica e o cristianismo. No centro está a figura de Cristo mestre: este termo é muito importante nas diversas acepções da língua grega. As obras principais de Clemente, de fato, são concebidas como uma espécie de percurso de tipo acadêmico e ao mesmo tempo confessional: ele transmite a fé em Cristo e o faz também usando instrumentos filosóficos, a ponto de ser acusado por Tertuliano, seu contemporâneo, de ter construído um cristianismo estoico e platônico. Clemente, porém, não está batizando a cultura grega: ele estabelece diferenças entre as aquisições filosóficas e o percurso cristão; sua linguagem é a dos clássicos; seu grego é elegante, de nível literário. Trata-se de uma figura de profundo interesse.

Suas três obras principais estão ligadas à figura de Cristo-mestre. A primeira intitula-se *Protrético aos gregos.* A palavra *protrético* significa *incentivador:* assim é precisamente a obra de Cristo, que incentiva a se tornarem seus discípulos particularmente os gregos. Clemente conhece as obras de Justino que, como vimos, é pioneiro na busca de convergência entre o caminho da filosofia e a revelação cristã. Ele se põe na sua esteira, escrevendo abertamente sobre o Logos, do qual trataram eminentes filósofos: de fato, o Logos, na condição de Filho de Deus que se encarnou, falou e se propôs a nós como interlocutor e mestre. Clemente afirma que os filósofos de alguma maneira já tinham vislumbrado a existência de um só Deus, colhendo sementes de verdade e preparando a vinda de Cristo. Aprecia as aquisições filosóficas, ao passo que critica a visão pagã da vida e não dialoga com quem acredita na existência das divindades. O convite contido no final do livro é uma grande exortação a converter-se ao Logos, a crer nele e a confiar nele.

O estilo elegante e a retórica abrem o caminho à segunda obra, que se apresenta como continuação da primeira: o Logos se manifesta como *Paidagogos* (Pedagogo), conforme diz o título. Trata-se do primeiro livro cristão intitulado dessa maneira; alguns séculos depois, Agostinho escreverá *De Magistro* e na Baixa Idade Média fará o mesmo Tomás de Aquino. O *Pedagogo* é considerado por alguns como o primeiro texto de pedagogia, o que não é correto; outros o definem como o primeiro livro cristão de boas maneiras: o termo não parece adaptado à dignidade desta obra, mas é aceitável, pois Cristo, ao qual o leitor aderiu como discípulo depois de ter sido exortado à conversão, agora o convida a segui-lo no dia a dia. O pedagogo no mundo antigo era o preceptor, e Cristo é assim que se revela: o texto apresenta as normas do comportamento que o bom discípulo deve observar. Encontramos ali o convite a uma vida sóbria, à oração, à caridade.

Há no *Pedagogo* também alguns traços curiosos, por exemplo, quando ele escreve para não comprar as ostras que chegam de ilhas distantes, quando se podem consumar alimentos mais adequados e próximos: Clemente se mostra, assim, *ante litteram* promotor de uma alimentação saudável.

Clemente Alexandrino tem em mente escrever o que muitos estudiosos imaginam ser o último volume da trilogia: depois do Logos Animador e do Logos Pedagogo, seria a vez do Logos Mestre, no sentido mais elevado, isto é, o *Didáskalos*. Não consegue concluí-lo por causa da perseguição. Seus discípulos recolhem o material e o publicam com o título de *Strômata* ou *Stromáteis*: literalmente, tapeçaria ou esteiras multicoloridas.

O *Logos Didáskalos* conduz a um conhecimento superior: o verdadeiro cristão, o verdadeiro discípulo do Mestre é aquele que se torna gnóstico. Ele está consciente de que se trata de uma palavra problemática, porque precisamente em Alexandria surgiu a grande tradição gnóstica heterodoxa que Ireneu combateu nas Gálias e cujos textos se difundiram por todo o Mediterrâneo. O verdadeiro conhecimento é o que provém de Cristo e corresponde a um estilo de vida conforme o Evangelho. Além dos cristãos normais – chamemo-los assim – que se contentam com uma vida ordinária, embora abertos hipoteticamente à santidade, há também os que realizam uma opção radical: os cristãos gnósticos, que buscam a perfeição cristã e a plena adesão a Cristo. Clemente não recai na visão dos gnósticos heterodoxos: de acordo com ele, não existem categorias antropológicas, nem predestinação, mas os cristãos podem dividir-se entre ordinários e radicais, com base em sua opção. Todos podem passar de um estilo de vida para o outro, mas o ideal seria que todos os cristãos fossem verdadeiramente tais e não somente de nome. O caminho para chegar à verdadeira gnose começa com a *apatheia*, isto é, a libertação das paixões, como sempre defenderam os estoicos. Mas a verdadeira qualidade do cristão gnóstico é a paixão verdadeira, isto é, o amor. O verdadeiro conhecimento consiste precisamente no amor e não num exercício intelectual: é o amor que garante a íntima união com Deus e a paz perfeita.

Uma obra pequena de Clemente Alexandrino chegou até nós na redação latina, com o título *Quis dives salvetur?* (Qual o rico que se salvará?). Este texto trata de um tema que se tornou atual: a relação entre riqueza e salvação. Tornando-se cristão, um rico se pergunta: o que devo fazer? O tratado começa com a afirmação de que ninguém deve desesperar da salvação; no texto, porém, Clemente condena a riqueza e escreve que o rico tem duas possibilidades: ou deixar tudo e seguir a Cristo, que é o caminho melhor; ou conservar as riquezas, desapegando delas o coração, sabendo que a salvação será muito difícil, embora nada seja impossível a

Deus. Clemente convida a contemplar o amor de Deus: "Com um ato de amor, o Pai se serviu de uma natureza feminina [Maria], e o grande sinal é aquele [Cristo] que se gerou por si mesmo". Convida também a sermos generosos com todos, sabendo que o Senhor concederá a vida eterna. Neste contexto, Clemente refere o que seria um dito inédito de Jesus: "Eu a darei [a vida eterna] não somente aos amigos, mas também aos amigos dos amigos".

V. Orígenes

Orígenes coloca os grandes alicerces da exegese cristã e da teologia sistemática; por muitos é considerado o maior pensador cristão do primeiro milênio. Alguns dos principais padres da Igreja declarados doutores do século IV, como Basílio de Cesareia, Gregório de Nazianzo e Jerônimo, o Dálmata, tomaram-no como mestre; o mesmo fará Gregório de Nissa, junto com outros padres da Igreja. Em nome de Orígenes haverá também disputas teológicas, particularmente do fim do século IV até a metade do século VI.

Em sentido estrito, ele não é um padre da Igreja segundo os quatro critérios da tradição, mas sempre foi reconhecido como tal. O fato de algumas de suas proposições terem sido condenadas no segundo concílio de Constantinopla (553) e de ter mantido uma querela com o bispo de Alexandria pesaram em não lhe ser prestada pública veneração, mas sua genialidade continua a ser pesquisada até os nossos dias. Muitos dos seus textos são propostos na Liturgia das Horas e com frequência ele é citado como autoridade pelo magistério da Igreja. Bento XVI lhe dedicou duas catequeses, exaltando sua figura e sua doutrina.

Orígenes nasce entre 183 e 185 em Alexandria do Egito. O pai, Leônidas, morre mártir durante a perseguição de Setímio Severo. O bispo Demétrio, para ajudar a superar os problemas econômicos da família e ao mesmo tempo para investir no seu talento, nomeia Orígenes responsável pela escola de formação para os catecúmenos. De 203 aproximadamente até 231, ele está à frente dessa escola, que se torna a primeira verdadeira escola teológica da história, chamada naqueles tempos de *Didaskaleion*. Orígenes vive uma vida sóbria, aliás, ascética, quase como um monge *ante litteram;* enquanto leciona, continua a formar-se em todas as disciplinas, tornando-se uma das pessoas mais cultas da sua época. Diante dos insistentes pedidos de muitos discípulos, confia ao colega Héracles a formação dos catecúmenos e se dedica a tempo pleno ao ensino exegético e teológico. Para Orígenes, a teologia coincide com o estudo das Sagradas Escrituras.

Sua fama cresce, é chamado Adamâncio (como um diamante) e com frequência é convidado a lecionar na Palestina, ligando-se de modo particular aos bispos de Cesareia Marítima e Jerusalém, Teoctisto e Alexandre. Estes prelados, dado que Demétrio ainda não tinha ordenado Orígenes presbítero, decidem proceder à ordenação: ele tem consigo a carta eclesiástica do bispo de Alexandria que o apresenta como um bom cristão, catequista de confiança e responsável pelo *Didaskaleion*. Demétrio, porém, considerará a ordenação grave ofensa e não permitirá que Orígenes retome o ensino em Alexandria. Este, então, decide permanecer em Cesareia Marítima, continuando suas pesquisas e lecionando, também graças a um mecenas de nome Ambrósio. Alguns anos depois, Héracles se torna bispo de Alexandria e Orígenes espera voltar à sua cidade, mas seu velho amigo não o autoriza. Provavelmente o bispo segue o pensamento de Demétrio, que lhe negara a ordenação presbiteral porque, num momento de extrema ascese, tinha decidido castrar-se, coisa de que se arrependeria repetidamente. Jerônimo, o Dálmata, escreverá que a verdadeira causa foi a inveja, tanto é que os bispos da Palestina não consideraram esse fato lamentável como um impedimento. Orígenes sofreu torturas atrozes durante a perseguição de Décio; em seguida se retira para Tiro, onde morre em 253, com aproximadamente 60 anos de idade, por consequência dos sofrimentos a que foi submetido.

Na longa atividade acadêmica, Orígenes procura lançar um olhar sistemático sobre o pensamento da Igreja a respeito das grandes questões: Deus, o ser humano, a alma, a vida eterna. Sobre estes temas, numa obra da juventude, *Os Princípios,* ele se pergunta sobre quais pontos as Sagradas Escrituras se pronunciaram de forma clara e quais os pontos que a tradição da Igreja já assimilou como doutrina adquirida. Ele conhece os escritos de Ireneu de Lião e tem bem presente o conceito de tradição. Sua obra teológica questiona os pontos que ainda devem ser esclarecidos, nos quais existe margem para a reflexão e os que ainda não foram objeto de pesquisa. Declara de forma muito honesta querer levantar hipóteses teológicas, submetendo-as ao juízo da Igreja; também por isto são vistas com amargura certas condenações póstumas de algumas suas afirmações.

Os pontos que não serão considerados de acordo com a doutrina cristã são particularmente: a preexistência das almas, isto é, a ideia de que elas existissem no mundo divino antes da criação da matéria e que de lá saíssem por causa do tédio; a apocatástase, isto é, a redenção universal, que poderia abranger também os condenados e os demônios; o subordinacionismo, mas quanto a este último ponto vale o que dissemos a respeito de Justino; Atanásio e os Capadócios, em seguida, teriam dado garantias de sua ortodoxia. Como escreve Olivier Clément, serão os místicos a retomar o tema da salvação universal, como a oração e a esperança, não, porém, sob o aspecto de doutrina. Basílio de Cesareia exprimirá o pensamento de que a alma, até o momento de união com o corpo, não habita num lugar preciso: apesar disto, sua afirmação não sofreu nenhuma condenação...

Quanto à criação do homem, para Ireneu, o modelo é o Verbo encarnado; o homem por inteiro (corpo, alma e espírito) é sua imagem; para Orígenes, o homem é criado à imagem do Verbo eterno, que é a única verdadeira imagem de Deus; no homem, a imagem da imagem reside na alma.

Quanto à Bíblia, Orígenes está convencido de que seja indispensável dispor da integridade do texto para aproximar-se o mais possível do original. Seu objetivo é interpretar de modo alegórico as Sagradas Escrituras, descobrindo nelas os sentidos que seus autores ocultaram por inspiração divina. O Novo Testamento tinha sido redigido num tempo relativamente recente; o problema, portanto, surgia em função do Antigo Testamento. Orígenes recolhe as principais traduções do hebraico e do grego e as coloca em sinopse para poder confrontá-las, criando um instrumento chamado *Hexapla*. Em seis colunas estão contidos os textos correspondentes do *Tanakh,* isto é, a parte do Antigo Testamento escrita em língua hebraica. Na primeira coluna está o texto hebraico; na segunda, a transliteração em grego do texto hebraico; depois quatro traduções em grego: a tradução de Áquila, de Símaco, dos Setenta e de Teodosião. A mais importante é a assim dita tradução dos *Setenta*, que chegou até nós precisamente graças a Orígenes. Os Salmos tinham sido traduzidos muitas vezes, por isso, para este livro ele acrescenta mais três colunas.

O Adamâncio nos deixou três tipos de textos exegéticos: os comentários, que são estudos sistemáticos dos livros bíblicos; os "escólios", que aprofundam alguns pontos mais complicados; as homilias, algumas das quais não foram revistas pelo autor. Para Orígenes, a alegoria não é um simples instrumento exegético: é um ato de fé. No Evangelho de Lucas está escrito que Jesus explica o sentido das Sagradas Escrituras aos discípulos que iam para Emaús: para Orígenes, fazer alegoria é deixar que Jesus cumpra hoje conosco a mesma tarefa. A primeira atitude que se deve ter para com a Bíblia é, portanto, a fé, que permite ao leitor ver para além do sentido literal o sentido moral e o sentido místico. Para Orígenes, não se deve procurar nas Sagradas Escrituras uma resposta oracular, mas um encontro, do qual brota a exigência de levar uma vida segundo Cristo (sentido moral) e uma adesão íntima a ele (sentido místico), que projeta o crente para a eternidade (o sentido anagógico está inserido no sentido místico, que será diverso na exegese medieval).

Numa homilia sobre o livro dos Números ele escreve:

> "Se eu compreendo a Lei segundo o Espírito, não a qualifico como um Antigo Testamento. A Lei se torna um Antigo Testamento somente para aqueles que querem compreendê-la carnalmente, mas para nós, que a compreendemos e aplicamos no Espírito e no sentido do Evangelho, a Lei é sempre nova; e os dois Testamentos são para nós um novo Testamento, não por causa da data temporal, mas por causa da novidade do sentido; ao passo que, para o pecador e para os que não respeitam o pacto da caridade, até mesmo os Evangelhos envelhecem".

A obra apologética de Orígenes intitula-se *Contra Celso*, um filósofo pagão que, cerca de 70 anos antes, tinha criticado a interpretação cristã do Logos proposta por Justino. De acordo com seu parecer, Cristo teria sido um embusteiro, um mago, uma figura sem nenhuma importância; a ressurreição teria sido um mito; portanto, os textos dos cristãos não teriam nenhum valor filosófico, diversamente da filosofia dos gregos, fundada sobre a razão. Orígenes escreve oito livros contra Celso, rebatendo ponto por ponto as críticas e confrontando, por exemplo, Cristo com os deuses e os heróis dos gregos, ou então exprimindo a compatibilidade entre o monoteísmo e a Trindade.

De Orígenes possuímos também uma pequena obra comentando o *Pai Nosso,* que é também o primeiro tratado em língua grega sobre a oração. Ele argumenta que a oração é sempre dirigida ao Pai por meio de Cristo no Espírito Santo, mas nos seus escritos ele mesmo se trai, pois, de quando em quando invoca diretamente o Senhor Jesus. Ele se pergunta se tem sentido pedir a Deus que atenda nossas orações, e elabora uma reflexão de tipo filosófico: como é possível que Deus, eterno e imutável, mude o curso dos acontecimentos por causa de súplicas dos humanos? Responde: quando Deus, num ato simples, único e eterno, ordenou a história da salvação, ouviu todas as orações que lhe seriam dirigidas na história da humanidade e as teria levado em conta ao pré-ordenar o mistério da Providência. As orações de hoje, portanto, participariam do ato criativo primordial de Deus.

VI. Tertuliano

Não é padre da Igreja em sentido próprio, porque terminou sua vida fora da Igreja, mas, como Orígenes, é considerado tal na linguagem comum, pela riqueza de seus ensinamentos; inclusive alguns seus escritos são acolhidos na Liturgia das Horas e pelo magistério da Igreja. Nasceu em torno de 155 em Cartago, de uma família pagã, estuda retórica e direito em Roma e se forma advogado. Cerca de 193, impressionado pelo testemunho dos mártires, converte-se ao cristianismo, volta para Cartago e deixa a carreira, para levar um gênero de vida sóbrio. É mais provável que não se tenha ordenado presbítero.

Sua abordagem cristã é radical, mas o que deveria ser um elemento de força, revela-se também um limite. Depois de alguns anos de pertença à Igreja, passa por uma grande desilusão, constatando que nem todos os cristãos estão prontos ao martírio e a obedecer ao Evangelho ao pé da letra. Começa então a condenar o estilo de vida de outros fiéis e toma distância dos intelectuais que constroem uma ponte com a cultura filosófica, como tinha feito Justino e como está fazendo seu contemporâneo Clemente Alexandrino.

Cerca do ano 207, seu rigorismo o leva a abraçar a seita dos montanistas. O fundador da seita foi um tal Montano, originário da Frígia, que no século II dizia ter êxtases em que era raptado pelo Espírito Santo e recebia mensagens especiais. Seus adeptos se consideravam profetas e afirmavam que a Igreja deveria ser guiada pelo Espírito Santo, que falava por meio deles e não mais por meio dos bispos, agora corruptos. A saída de Tertuliano da Igreja não foi indolor, nem para ele, nem para as comunidades cristãs, porque naqueles anos ele tinha adquirido notoriedade e autoridade. Não satisfeito com isso, nos últimos anos de vida abandonou também o montanismo e criou um movimento pessoal, qualificado em seguida como "tertulianismo", que não terá muitos seguidores e se extinguirá poucos anos depois de sua morte, ocorrida em torno de 225. Bento XVI, numa audiência dedicada a Tertuliano, recorda como sua inquietude não lhe permitiu terminar sua vida na serenidade, porque exigiu demais de si mesmo e dos outros, sem encontrar o necessário equilíbrio.

Enfrenta com grande antecipação os que serão os grandes temas do século IV, oferecendo à língua latina alguns termos-chave em nível teológico: *Trinitas, persona* e *substantia,* que são o coração da teologia trinitária e cristológica. Naquele momento, ainda não existe a plena compreensão dessas palavras, mas concretamente ele já está fornecendo a linguagem àquela que será a grande teologia latina, em relação com a grande teologia oriental, desenvolvida no século IV e levada depois a termo pelos Capadócios. No período posterior ao concílio de Niceia (325), Hilário de Poitiers se tornará o porta-voz dos temas da teologia oriental e recorrerá à linguagem de Tertuliano, como farão outros doutores latinos empenhados em traduzir as obras dos padres da Igreja gregos.

Entre as obras dogmáticas encontramos o texto *Conta Praxeas*, um herético pertencente ao monarquianismo modalista. O modalismo é uma heresia que nega a Trindade, afirmando a existência de um único Deus que assume vultos diversos quando se revela, mostrando-se às vezes como Pai, outras como Filho, algumas como Espírito Santo: no entanto, às maneiras diferentes de se revelar corresponde sempre uma única pessoa. No século III continua a difundir-se também o subordinacionismo, que para salvaguardar o monoteísmo, afirma que somente o Pai é plenamente Deus: o Filho e o Espírito Santo são progressivamente inferiores a ele. Nesse modo de pensar, no século IV, haverá de se enxertar o arianismo. Tertuliano contesta Praxeas com base nas Sagradas Escrituras e na regra da fé, como fez Ireneu com os gnósticos heterodoxos. Para o cartaginês, há tantas pessoas divinas quantas são as manifestações reveladas na Bíblia: isto, o Pai, o Filho e o Espírito Santo. Escreve também textos contra os gnósticos Marcião e Valentino.

Devemos a Tertuliano o mais antigo tratado sobre o batismo: *De Baptismo*. Ele se pergunta como seja possível que um rito tão simples possa comunicar a salvação e responde: "Não há nada que deixe tão perplexa a mente humana quanto a simplicidade das obras de Deus; de fato, elas parecem simples, na realidade, porém, contêm promessas e uma eficácia espantosa". No texto, ele refere e comenta trechos do Antigo Testamento que prefiguram o batismo, e do Novo Testamento que mostram seu significado. Quanto a um problema muito complexo na África setentrional, o da repetição do batismo dos heréticos, ele escreve: "Espero que alguém examine a questão melhor do que eu", deixando o debate em aberto. Será seu herdeiro teológico a dar uma resposta, Cipriano; mas intervirá também Roma, como veremos. Ele escreve que cabe ao bispo a administração dos sacramentos; em sua ausência, aos presbíteros, e na ausência dos presbíteros, aos diáconos:

> "Todavia também os leigos têm a faculdade de batizar, porque o que todos recebem pelo mesmo título, também pode ser por todos igualmente administrado, ou por acaso se pretenderia fazer crer que os discípulos do Senhor já então se faziam chamar bispos ou presbíteros ou diáconos?".

Neste texto ele escreve com amargura: "Todas as divisões na Igreja nascem das rivalidades para ser bispo". Os momentos mais indicados para batizar são a Páscoa e Pentecostes, mas qualquer dia pode ser apto para isso, dado que a graça não tem nenhum limite de calendário.

Deve-se recordar também *A Oração,* o primeiro tratado em língua latina sobre o Pai Nosso. Mas a obra prima de Tertuliano é o *Apologético*, que em boa parte recalca as *Apologias* de Justino. Eis o início: "A verdade sabe que vive como estrangeira na terra, que encontra facilmente inimigos entre os estranhos, mas sabe também que tem nos céus a própria família, a própria casa, a esperança, o crédito, a autoridade". Afirma que o imperador pretende se considerado como um ser divino, e por consequência quer que os súditos ssejam obrigados a invocar os diversos deuses e o próprio imperador; ao passo que os cristãos sabem muito bem que o imperador não é um deus e invocam o verdadeiro Deus, também em favor do imperador: portanto, é de seu interesse que os cristãos estejam livres.

Tertuliano explica que, na pregação das Sagradas Escrituras, os presbíteros têm a função de mostrar "se o curso dos acontecimentos dos tempos presentes obriga a buscar neles alguma coisa que os preanuncie ou os explique". Na parte final, fala da inutilidade das perseguições pelo império: "Nós crescemos sempre mais de número todas as vezes que somos suprimidos por vós: o sangue é semente de cristãos", fazendo eco a uma frase da *Carta a Diogneto:* "Os cristãos, submetidos a suplícios, mais crescem de número". Trata-se de uma das frases mais conhecidas da patrística, particularmente sob forma de um aforisma: "O sangue dos mártires é semente de novos cristãos". O papa Francisco fez nova leitura desta afirmação em chave ecumênica: "O sangue dos mártires é semente da unidade das Igrejas".

No *Apologético* ele afirma também que cristão não se nasce, mas a gente se torna cristão. No *Testemunho da alma*, acrescenta que a alma é cristã por natureza.

Aderir a Cristo, portanto, é uma opção consciente e comprometedora, mas que responde a uma inclinação natural profunda, que muitas vezes ficou encoberta. Quanto à alma, afirma que é transmitida pela geração dos pais (teoria do traducianismo) e que de alguma maneira é corpórea, afirmação provavelmente expressa em contraposição extrema à visão gnóstica.

Na *Prescrição dos hereges* sustenta que as heresias nascem da filosofia. Considerando Atenas como símbolo da filosofia, e Jerusalém, das Sagradas Escrituras, ele se pergunta o que tem a ver Atenas com Jerusalém e a Academia com a Igreja. Na história da Igreja prevalecerá a visão de Justino e de Clemente Alexandrino.

VII. Cipriano

Nasce por volta do ano 200; sua família é culta e rica, mas é pagã. Seguindo um presbítero de nome Cecílio, que o impressiona pelo seu testemunho cristão, faz-se cristão também ele e dá tudo aos pobres. Em sua honra, ao receber o batismo, assume como primeiro nome o de Cecílio, mas na patrística é conhecido simplesmente como Cipriano de Cartago.

Pouquíssimos anos depois do batismo torna-se presbítero e em 248 é eleito por aclamação bispo de Cartago. Pouco depois explode uma das mais graves perseguições, a de Décio, e acontece um fato que muitos consideram incômodo ou de difícil compreensão: o bispo Cipriano opta por viver na clandestinidade por alguns meses e governa a diocese escrevendo cartas à comunidade; ao passo que, em Roma, o bispo Fabiano, em situação semelhante, morre mártir. E eis que de Roma chegam críticas a Cartago. Começa um carteio entre os diáconos de Roma que governavam a Urbe [por morte do papa] e Cipriano. Este justifica sua clandestinidade por ter surgido de repente uma reação violenta por parte de alguns cristãos que decidiram resistir aos perseguidores com as armas. Por esta razão, o bispo resolveu tomar distância, inclusive física, de uma atitude que ele não conseguia controlar.

Quando, depois de quinze meses, retorna à sede, explode uma epidemia e Cipriano se encontra na primeira linha para socorrer os doentes. Depois deve enfrentar algumas questões delicadas, entre as quais decidir como readmitir na comunidade cristã os que durante a perseguição renegaram Cristo publicamente: os assim ditos *lapsi* e *libellatici*. Os *lapsi*, literalmente, os "caídos", eram os que durante a perseguição abjuraram, isto é, renegaram publicamente Cristo. Ao passo que os *libellatici* eram os que tinham encontrado um expediente para salvar a consciência, pagando uma propina a um funcionário romano que atestava por escrito no "libelo" [de acusação] ter havido o abjuramento, ao passo que não tinha sido feito. O bispo decide que podem ser admitidos novamente na Igreja depois de um tempo de penitência pública: assim como tinham renegado publicamente a fé cristã, também sua penitência devia ser pública.

No tratado que é considerado como o primeiro tratado sobre a unidade dos cristãos, intitulado *De Catholicae Ecclesiae unitate* (A unidade da Igreja Católica), Cipriano enfrenta outro problema: o dos hereges que pedem para entrar ou reentrar na Igreja. Aqui ocorre novamente uma polêmica com Roma, mas de natureza teológica. Cipriano afirma que eles devem ser rebatizados, porque o único batismo válido é o que se recebe na Igreja oficial. Estêvão I, bispo de Roma [papa], escreve duas cartas a respeito desta controvérsia: uma às Igrejas da Ásia Menor, porque também lá há quem rebatize, e outra a Cipriano, em 256:

> "Se vier a nós alguém proveniente de alguma heresia, *nada se inove* que não tenha sido transmitido [pela tradição]; portanto, simplesmente se imponham nele as mãos para a penitência; de fato, os próprios hereges não batizam segundo seu próprio rito candidatos que passam de uma seita para outra, mas o admitem simplesmente à comunhão".

Cipriano considera fraco o argumento de Estêvão, porque, segundo ele, não é dos hereges que se deve adotar o exemplo; particularmente considera que, legitimando seu batismo, legitima-se também a heresia. Além disso, não admite que a praxe de renovar o batismo seria na realidade uma verdadeira inovação. No curso da história, as palavras *nihil innovetur* (nada se inove) serão frequentemente citadas, para o bem e para o mal, quanto à manutenção da tradição da Igreja.

Na realidade, os pontos quentes da disputa referem-se à posição quanto à validade do batismo dos hereges e à salvaguarda da unidade da Igreja: este último é um fator que certamente está a peito tanto a Estêvão quanto a Cipriano. Este constata que na África setentrional a Igreja é fragmentada, e a declaração da invalidade do batismo dos hereges seria um instrumento para criar maior unidade na Igreja oficial. Estêvão I morre em 257 e o sucessor, Sisto II, se mostra mais conciliador com as Igrejas africanas, embora mantendo a praxe de readmitir os hereges sem rebatizá-los.

No dia 6 de agosto de 258 Sisto é martirizado junto com alguns diáconos, e quatro dias depois toca a mesma sorte ao conhecido diácono Lourenço. Quando a notícia chega a Cipriano, ele escreve uma carta à sua diocese para informar o acontecido e para referir que o imperador Valeriano decretou que bispos, presbíteros e diáconos devem ser mortos. No dia 14 de setembro Cipriano recebe o batismo de sangue que o une aos bispos de Roma.

A teologia e a praxe historicamente adotadas pela Igreja de Roma e o tema da validade dos sacramentos dos hereges retornarão no século V com Agostinho de Hipona na disputa contra os donatistas. A estima por Cipriano na história da Igreja jamais cessou, apesar de sua discussão com Roma, tanto que já é considerado por Agostinho de Hipona como um dos maiores padres da Igreja.

Sua obra mais conhecida é a já citada, na qual nos oferece algumas imagens imortais. Por exemplo, põe em contraposição a túnica do profeta Aquias e a de Cristo. Perante o rei Jeroboão, Aquias rasga a própria túnica em doze pedaços para simbolizar a divisão de Israel em dois reinos; ao passo que a túnica de Cristo, tecida de alto a baixo sem costura, não foi partilhada e é sinal da unidade da Igreja. Para Cipriano, o Evangelho narra que a túnica foi tecida de alto a baixo sem costura porque a unidade é um dom que se recebe de Deus. Hoje, a da túnica é uma imagem usada no campo ecumênico, na esteira do significado que lhe atribuiu Cipriano.

Muito importante é o que ele afirma sobre a cátedra de Pedro: “Quem não conserva esta unidade concedida por Pedro crê poder conservar a fé? Quem abandona a cátedra de Pedro, sobre a qual é fundada a Igreja, pensa verdadeiramente que pertence à Igreja?”. Houve quem pusesse em dúvida a autenticidade destas linhas, talvez posteriormente interpoladas por Roma, mas o estilo literário é o mesmo do tratado por inteiro e reflete o pensamento de Cipriano. Sua fidelidade à sé de Pedro não lhe impediu, porém, de ser franco e de discutir com Estêvão, como vimos. Tudo isto é emblemático: não se deve pretender encontrar num ser humano, mesmo que seja um dos padres ou doutores da Igreja, uma doutrina perfeita.

O tratado sobre o *Pai Nosso* é um dos primeiros comentários em língua latina desta oração. Na metade do século IV, quando Hilário de Poitiers escrever o primeiro comentário do Evangelho de Mateus em língua latina, omitirá a parte sobre o Pai Nosso, remetendo para o texto de Cipriano. Este é o padre da Igreja mais citado pelo Catecismo da Igreja Católica na parte que se refere ao Pai Nosso. Também Bento XVI se refere amplamente ao texto de Cipriano quando comenta a oração do Senhor.

1
UM SÓ DOUTOR DA IGREJA NOS PRIMEIROS TRÊS SÉCULOS

Parece que a maioria não se deu conta de que o papa Francisco proclamou dois doutores da Igreja. As duas declarações conjuntamente têm significado ecumênico. Ireneu de Lião foi definido por Francisco como *doctor unitatis* (doutor da unidade) e a proclamação ocorreu durante a semana de oração pela unidade dos cristãos de 2022, iniciativa anual em que, há mais de um século, vê empenhadas todas as Igrejas, de 18 a 25 de janeiro. Gregório de Narek, santo armênio, viveu numa época em que sua Igreja e a de Roma, já por cinco séculos, não estavam em comunhão; foi declarado doutor da Igreja em 2016, no centenário do genocídio armênio. O significado ecumênico, portanto, é considerável e se soma à mensagem específica dos dois doutores. Neste capítulo, concentramo-nos sobre Ireneu; reencontraremos Gregório na parte dedicada aos monges da Idade Média.

1.1. Ireneu de Lião *doctor unitatis*

Ireneu nasce em Esmirna cerca do ano 130 e cresce como cristão durante o episcopado de Policarpo. Transfere-se para a Gália, onde colabora com o bispo de Lião, Potino, que o ordena presbítero. Transcorre alguns períodos de sua vida em Roma, podendo seguir os ensinamentos de Justino, cujo olhar positivo sobre a história contribui para a construção do pensamento de Ireneu. Este é eleito bispo no lugar do idoso Potino, que morreu mártir em 177. Justino teve o mesmo destino dez anos antes.

Como bispo, Ireneu deve ocupar-se com uma questão delicada: o confronto com o pensamento gnóstico, que se difunde de forma significativa. Do que se trata? O termo *gnosis*, em grego, significa *conhecimento*. Os gnósticos eram cristãos convencidos de que a salvação dependia do grau de conhecimento adquirido na vida terrena. Não existe uma única corrente do seu pensamento, mas para simplificar o assunto, podemos recordar alguns aspectos comuns às linhas principais do gnosticismo. Na base de sua visão há o dualismo platônico, que professa uma rígida separação entre o bem e o mal, não ligada a uma visão moral, quer dizer, às ações boas ou más, mas ao mundo do espírito e ao mundo da matéria: o que é imaterial pertence à esfera do bem, o que é material pertence à esfera do mal.

As consequências desta premissa quanto ao modo de interpretar a fé cristã são devastadoras: se a matéria pertence à esfera do mal, a criação não é obra do Deus cristão, mas de outro deus; portanto, o criador, a respeito do qual o Antigo Testamento trata, não é o Pai de Jesus Cristo, mas um deus malvado. Dessa forma, é rejeitada a Bíblia hebraica, junto com alguns livros do Novo Testamento. Também a encarnação é um problema para os gnósticos, que imaginam ter acontecido de forma aparente ou parcial, como afirmavam no início do século II os docetas, combatidos por Inácio de Antioquia. Jesus teria salvado a humanidade, não mediante sua morte e ressurreição, mas transmitindo os conhecimentos necessários aos apóstolos e aos outros discípulos prediletos, a serem guardados secretamente e transmitidos por via exotérica. Somente os iniciados teriam podido receber esses ensinamentos e, portanto, alcançar a salvação, libertando-se do corpo e sendo reintegrados no mundo divino.

Os seres humanos não são iguais, mas se dividem em três categorias, baseadas na prevalência do espiritual ou do material, o que é predeterminado e não pode ser modificado pelos homens: os *gnósticos* são espirituais e chegam à salvação graças aos conhecimentos superiores adquiridos; os *hílicos* ou materiais são homens somente na aparência, pois, na realidade, pertencem ao reino animal, têm uma autoconsciência muito limitada e, ao morrer, se dissolvem; os *psíquicos*, são dotados de certa vida da alma, embora inferior à dos gnósticos; mas são os únicos que podem exercer em parte a liberdade, decidindo eventualmente tornarem-se discípulos dos gnósticos e esperando safar-se do aniquilamento, entrando numa espécie de átrio do mundo divino. Algumas correntes gnósticas creem também na metempsicose.

As opções morais não têm influxo quanto à salvação, mas alguns gnósticos, por sua sensibilidade, decidem renegar totalmente a esfera material, vivendo de jejuns e privações, evitando toda forma de prazer e condenando o matrimônio, porque compreende a vida sexual, considerada inconveniente. Podem-se perceber resíduos gnósticos que sobreviveram até hoje, sob falso despojamento, em algumas formas de espiritualidade.

Ireneu decide estudar a fundo essas doutrinas e transmite claras indicações a seu clero e aos bispos próximos do seu território a respeito de como denunciar tão perigosa heresia. Seu texto mais conhecido intitula-se *Desmascaramento e refutação da falsa gnose*, no qual apresenta o pensamento gnóstico e o contrasta de forma orgânica baseando-se nas Sagradas Escrituras. De fato, ele comenta a Bíblia de modo cronológico, a partir das narrações da criação e sublinhando o valor positivo da matéria e da história, vista como o teatro em que se manifestam a onipotência e a misericórdia de Deus. Afirma que a revelação de Jesus não é exotérica, mas pública, e que ele foi um homem em carne e osso. Diante da objeção de que se poderia tratar de uma interpretação pessoal das Sagradas Escrituras, oposta à dos gnósticos, mas, em última análise, de igual valor, Ireneu chama atenção para o princípio da tradição apostólica. Ele constata que a fé, que remonta aos apóstolos, é a mesma professada nas várias regiões em que o Evangelho é pregado e cuja correta transmissão os bispos sempre garantiram, inclusive pagando com a própria vida. Será Vicente de Lérins (século V) a estabelecer que faz parte da tradição segura da fé o que foi acreditado desde sempre por todos e em toda parte. Além disso, a fé foi testemunhada com o sangue de numerosos mártires: Ireneu conheceu pessoalmente alguns deles e ele mesmo haveria de morrer mártir, provavelmente durante a perseguição de Setímio Severo, em 202. Ele escreve:

> “Conservemos com cuidado esta fé que recebemos da Igreja, porque, sob a ação do Espírito de Deus, como um depósito de grande valor encerrado num vaso precioso, ela continuamente rejuvenesce e faz rejuvenescer inclusive o vaso que a contém».

Ponto firme do pensamento antignóstico de Ireneu é a bondade da criação de Deus Pai, que chega até a usar suas mãos, que são o Filho e o Espírito Santo, quando cria o ser humano, tendo como protótipo o Verbo encarnado. O Filho transmite a *imagem*, que fica para sempre impressa no ser humano, apesar do pecado (aspecto ontológico); o Espírito Santo transmite a *semelhan*ça, que pode crescer ou atenuar-se com base na correspondência do ser humano (aspecto dinâmico). O Filho de Deus assumiu o ser humano por inteiro, composto de espírito, alma e corpo, para salvá-lo integralmente e destiná-lo a uma eternidade feliz: “O Verbo se fez homem e o Filho de Deus se fez Filho do homem, a fim de que o homem, mesclando-se com Deus e recebendo a adoção filial, se torne filho de Deus”. Ainda: “A glória de Deus é o homem vivo, ao passo que a vida do homem é a visão de Deus”. Ireneu crê na liberdade do ser humano, inclusive quanto à fé; de fato, o Verbo salvaguardou a invisibilidade do Pai a fim de que o homem tenha sempre um objetivo para o qual tender; ao mesmo tempo manifestou sua visibilidade mediante uma revelação econômica, isto é, progressiva, através dos tempos.

Outro texto muito preciso de Ireneu é a *Demonstração da pregação apostólica*, breve exposição da fé cristã.

1.2. O doutor mais antigo, escolhido pelo papa Francisco

Ireneu foi declarado doutor pelo papa Francisco no dia 21 de janeiro de 2022, mediante a assinatura de um decreto. Não houve uma celebração e nem a publicação de uma carta apostólica, diversamente do que tem acontecido nos tempos recentes ao se proclamar um novo doutor, mas somente uma comunicação de algumas linhas referida pelo boletim da Sala de Imprensa do Vaticano e pelo Osservatore Romano.

Ireneu, homem de paz, como evoca seu nome em grego, despendeu-se em sanar as fraturas criadas pelos gnósticos, e o papa Francisco, declarando-o *doctor unitatis,* o aponta como quem teve a peito a unidade da fé. Um dos maiores estudiosos de Ireneu, Antônio Orbe, definiu-o "doutor da dogmática". No comunicado da declaração doutoral, o papa sublinha que Ireneu foi uma ponte entre o Oriente e o Ocidente, e seu exemplo, hoje, pode ajudar-nos a buscar a unidade na diversidade entre os cristãos das várias Igrejas. A mensagem que o doutor da Igreja nos transmite, portanto, é a da unidade da fé, pregada, vivida e celebrada na legítima, aliás, oportuna diversidade das culturas.

O papa Francisco afirmou diversas vezes que hoje estamos diante de uma espécie de neognosticismo, uma tendência a construir uma fé subjetiva, "na qual unicamente interessa determinada experiência ou uma série de raciocínios e conhecimentos que podem confortar e iluminar". Analogamente, o papa condenou o neopelagianismo, como veremos na parte dedicada a Agostinho de Hipona. Estas heresias antigas correspondem a errôneas compreensões da fé cristã e foram desmascaradas em particular por Ireneu e Agostinho.

Para o papa Francisco, os sucedâneos contemporâneos daqueles desvios devem ser barrados mediante o exemplo dos grandes doutores da Igreja. Na exortação apostólica *Gaudete et exsultate* (2018), ele chama a atenção para a tentação neognóstica, ideologia que leva a exaltar as próprias ideias ou experiências, a ponto de considerá-las perfeitas. Quem cai nesta arapuca tende a autoexaltar-se e, ao mesmo tempo, a denegrir ou a considerar com arrogância as ideias e as experiências de outras pessoas. Este fenômeno se autoalimenta particularmente em alguns grupos que se propõem criar um modelo perfeito de Igreja, gerando tensões e também divisões entre os cristãos.

Ireneu, na promoção da unidade dos cristãos, despendeu-se também em favor de algumas comunidades da Ásia Menor, que por tradição celebravam a Páscoa segundo o calendário hebraico, no dia 14 do mês de Nisan, diversamente da grande maioria das Igrejas, nas quais era celebrada em dia de domingo. Ele escreveu ao bispo de Roma, Victor, que queria condenar os assim chamados quartodecimanos, recordando que seus predecessores tinham sido tolerantes para com essas comunidades, também porque sua tradição remontava aos tempos apostólicos. Ireneu conseguiu compreensão, salvaguardando a unidade na diversidade.

Fazia mais de um século que não era proclamado doutor um padre da Igreja (o último tinha sido Efrém, o Sírio, em 1930), como se não houvesse mais candidatos entre os santos padres. Não pensava assim o arcebispo de Lião, cardeal Barbarin, que, no dia da festa de Santo Ireneu (28 de junho) em 2017, pediu ao papa Francisco que o declarasse doutor da Igreja, havendo já um terreno bem preparado (na liturgia *própria* da Diocese de Lião, aprovada em 1975, Ireneu já era definido doutor da Igreja). A seu pedido, uniram-se as solicitações das conferências episcopais da França, Itália, Espanha, Alemanha, Estados Unidos e Canadá; como também do Pontifício Conselho para a Unidade dos Cristãos, da Federação Protestante da França e do patriarca de Moscou, Cirilo, à luz do ecumenismo. No início de 2018, o papa autorizou a Congregação das Causas dos Santos a iniciar o percurso. Em 2021, este dicastério obteve o parecer positivo do dicastério da Doutrina da Fé a respeito da doutrina eminente. O papa Bergoglio anunciou sua intenção de proceder à declaração de Ireneu doutor da Igreja no dia 7 de outubro de 2021, durante um discurso ao Grupo misto de trabalho ortodoxo-católico "Santo Ireneu".

[illegible] Bandeira, que, [illegible] em 2017, [illegible] [illegible] Pinto [illegible] [illegible] [illegible]

2

OS DOUTORES DO PERÍODO ÁUREO DOS PADRES DA IGREJA

O século IV começa com a última perseguição religiosa dentro do império romano, com Diocleciano, ao qual segue o edito de Milão (313), assinado pelos imperadores Constantino e Licínio, edito que tolera o culto cristão e legitima a Igreja como instituição presente na sociedade. O próprio Constantino convoca o primeiro concílio ecumênico da história em Niceia (325), não longe de Constantinopla, capital do império romano do Oriente. A questão principal de fé tratada no concílio é a da igualdade de natureza (*homousia*) do Pai e do Filho.

Nessa época, os primeiros padres da Igreja proclamados doutores são Atanásio de Alexandria no Oriente e Hilário de Poitiers no Ocidente. Sua obra está ligada à divulgação e à defesa da fé expressa em Niceia, que custa a ambos a amarga experiência do exílio. Tendo alguns aspectos em comum com Atanásio de Alexandria, Hilário foi definido o Atanásio do Ocidente.

O testemunho desses dois doutores foi recolhido no Oriente por três grandes padres da Igreja, ditos Capacócios pela sua origem e pelo lugar onde desempenharam sua missão. Trata-se de Basílio de Cesareia, Gregório de Nazianzo e Gregório de Nissa; os primeiros dois são doutores da Igreja. Além de continuar a difundir e defender a fé de Niceia, eles se ocupam também de questões trinitárias, inclusive porque alguns teólogos punham em discussão a divindade do Espírito Santo. No Ocidente, Ambrósio de Milão, bom conhecedor da língua grega, estuda as obras dos Capadócios e em parte as traduz e sintetiza em língua latina.

Cirilo de Jerusalém, bispo, torna-se ponto de referência para a formação cristã dos numerosos peregrinos que vão à Terra Santa, onde, na época constantiniana, foram construídas algumas basílicas para recordar os lugares do nascimento, morte, ressurreição e ascensão de Jesus. Na basílica da *Anástase* (Ressurreição), Cirilo prepara os catecúmenos para o batismo e continua a instruí-los nos dias seguintes. Em Belém despenderá os últimos decênios de sua vida Jerônimo, o Dálmata, que passou à história por ter traduzido das línguas originais para o latim a Bíblia hebraica. Escreve numerosos comentários das Sagradas Escrituras e também muitas cartas às discípulas espirituais com quem tinha constituído um cenáculo de oração e de estudos bíblicos em Roma, e preparado locais de acolhida na Palestina.

Em Antioquia, na Síria, João Crisóstomo (Boca de ouro), é um expoente de relevo da escola teológica local, que propõe um modelo de pensamento paralelo e, às vezes, alternativo ao de Alexandria do Egito. Haverá de ser bispo de Constantinopla. Suas obras exegéticas e suas pregações terão larguíssima difusão.

Na África setentrional, nasce e cresce Agostinho, que depois dos estudos se transfere para a Itália a fim de lecionar e exercer a retórica. Depois de sua conhecida conversão, retorna para a terra natal e se torna bispo de Hipona. Deixou-nos uma biblioteca de textos de sua produção, a ponto de se poder afirmar que, no mundo cristão latino, quem escrever depois dele deverá sempre confrontar-se com seu pensamento.

Cirilo de Alexandria, no Egito, bispo autoritário e intransigente, a ponto de ser definido "faraó cristão", distingue-se pela teologia da encarnação do Filho de Deus e será protagonista da disputa sobre esse tema com Nestório, monge antioqueno que se tornou bispo de Constantinopla.

Em Nísibe e Edessa, nos confins entre o império romano e o persa, o monge e diácono Efrém, o Sírio, comenta as Sagradas Escrituras com uma exegese criativa e compõe hinos sacros de sabor bíblico. A síntese deste doutor e da escola siríaca é um exemplo único de harmonia entre contemplação teológica, estudo bíblico e experiência litúrgica. Até hoje ficamos admirados lendo suas obras teopoéticas.

Em Ravena, o bispo Pedro, dito Crisólogo, mostra-se incansável pregador dos Evangelhos, participando deste modo do debate teológico sobre a encarnação. Pela sua habilidade oratória, recebe um apelativo semelhante ao de João Crisóstomo: de fato, Crisólogo significa Palavra de ouro.

Leão Magno é o primeiro e único papa a desempenhar um papel ativo no panorama teológico do período áureo dos padres da Igreja proclamados doutores. Luta contra várias heresias para manter a unidade da fé e da Igreja. Um seu famoso texto contribui para definir a doutrina cristológica do concílio de Calcedônia (451).

2.1. Atanásio de Alexandria

O jovem diácono Atanásio, na qualidade de perito em teologia, acompanha o bispo de Alexandria, Alexandre, que vai ao concílio de Niceia. O que a história registra como o primeiro concílio ecumênico, isto é, universal, é convocado pelo imperador Constantino, que está consciente da impossibilidade de conter a difusão do cristianismo; por isso, depois de conceder a liberdade de culto, apoia diretamente a Igreja. Não só: percebe que o cristianismo é ótimo elemento de coalisão identitária para o império; no entanto, para desempenhar esta tarefa, a Igreja deve ser coesa. A unidade da Igreja é minada pelo sucesso das ideias de um presbítero de nome Ario, que difunde seu pensamento particularmente em Alexandria e que, depois de afastado pelo bispo, continua sua pregação na Palestina.

Ario, cuja doutrina é plenamente homogênea, enfrenta um problema filosófico suscitado pela fé cristã: como é possível que Deus tenha um Filho igual a si na natureza divina? Se assim fosse, haveria duas divindades e isto estaria em contradição com o monoteísmo hebraico-cristão. Ele professa que houve um tempo em que o Filho não existia; como consequência, este não é da mesma substância (*homoúsios*) divina de Deus Pai. Para salvaguardar o monoteísmo e o conceito filosófico de perfeição divina, que não pode admitir pluralidade em Deus, Ario faz coincidir Deus com o Deus Pai anunciado nos Evangelhos e atribui ao Filho uma posição inferior. Assim, pode-se falar em subordinação do Filho em relação ao Pai. O arianismo, corrente teológica que remonta a Ario, terá muitos seguidores e, com o tempo, retornará sob vestes diversas. Em suas consequências, o arianismo chega a afirmar que Jesus, Filho de Deus, não só não tem a mesma substância divina do Pai; pelo contrário, simplificando e radicalizando ainda mais, chega a afirmar que ele é somente um homem.

Solicitado por alguns bispos, particularmente pelo fator de coesão de que falamos, Constantino convoca um concílio em Niceia. É em Niceia que encontramos Atanásio, formado na prestigiosa escola teológica de Alexandria. O bispo Alexandre tinha certeza de que o jovem diácono o teria ajudado nas discussões teológicas a enfrentar. Atanásio, não sendo bispo, não é membro efetivo da assembleia conciliar, mas, como assistente do bispo e perito, encontra modo de ouvir as questões problemáticas e oferecer sua contribuição. Ario, presente em Niceia, não desiste de suas posições, apesar do pedido unânime dos padres conciliares, e é excomungado. Uma síntese da fé ortodoxa, isto é, reta, é elaborada pelos bispos e seus peritos. Será chamada o *símbolo de Niceia,* que deverá ser proclamado em todas as celebrações eucarísticas pelos cristãos de todas as Igrejas ou da "Grande Igreja", para usar uma feliz expressão de Orígenes. Todos conhecemos este texto, que é a primeira parte do *Credo* que se professa ainda hoje nas missas festivas.

Particularmente no período pós-conciliar, a Atanásio são confiadas grandes responsabilidades. É ordenado presbítero e, por morte de Alexandre, em 328, torna-se seu sucessor natural, apesar da pouca idade, cerca de 30 anos. Dedicará sua vida a difundir a mensagem do Evangelho, que em Niceia tinha encontrado um imprescindível ponto de focalização na fé em Jesus de Nazaré, Filho de Deus, da mesma substância do Pai, salvador da humanidade. Atanásio prega e escreve, e também deverá sofrer por causa deste seu anúncio. Numa de suas obras mais conhecidas, o tratado dedicado à *Encarnação do Verbo*, encontramos o núcleo da fé nicena: "Deus se fez homem, para que o homem se torne Deus". Esta síntese é poderosa; talvez ainda hoje deixe um pouco perplexas as pessoas que cantaram tantas vezes as mesmas palavras num cântico litúrgico do último pós-concílio: "Deus se fez como nós, para fazer-nos como ele". Agostinho e muitos outros doutores retomarão o mesmo conceito: "Deus quer fazer de ti um deus".

Para Atanásio, a questão da divindade do Filho não é filosófica: não se trata de explicar como seja possível que Deus seja um, mesmo tendo um Filho da mesma substância. Ele parte de um ato de fé: nós cremos nas palavras e no testemunho de Jesus, que afirmou a própria divindade. Como isso possa ter acontecido não é compreensível aos seres humanos que, pelo contrário, devem interrogar-se a respeito de *por que* e *por quem* o Filho de Deus se fez homem: assumindo a natureza humana, o Filho redimiu os seres humanos e deu-lhes a possibilidade de se tornarem o que eles não são por natureza. Podemos notar aqui uma continuidade de pensamento teológico com o do doutor precedente, Ireneu, de quem Atanásio conhece os escritos.

Atanásio tem uma relação privilegiada com o fundador do monaquismo eremítico: Antônio [Antão], o Grande. Em torno de 250, Antônio deixou Alexandria para buscar Deus na solidão do deserto, até 356, quando morre com mais de 100 anos. Atanásio, como bispo, quando encontra certa resistência por parte dos ambientes tradicionalistas a aceitar o símbolo de Niceia, convida Antônio a deixar excepcionalmente o deserto para vir a Alexandria testemunhar sua adesão à fé nicena. Como é possível que, precisamente os tradicionalistas, entre os quais há muitos monges, não aceitem um dogma importante como o da divindade do Filho de Deus proclamada num concílio? Seu problema, como o de muitos teólogos de outras áreas geográficas, é constituído pela introdução no símbolo, por parte dos padres conciliares, de um termo filosófico, *homoúsios*, para professar que o Filho é da mesma substancia divina do Pai. Os monges e os tradicionalistas egípcios recusam este termo porque não provém da Bíblia, mas da filosofia. Além disso, os teólogos de outras áreas culturais têm perplexidades a respeito do termo em si: não haveria o risco de anular a distinção do Pai e do Filho, de modo que os dois podiam aparecer como uma só pessoa, levando a uma derivação modalista?

Atanásio e Antônio confiam no que foi afirmado em Niceia e não querem alimentar polêmicas teológicas. Num texto que comenta o concílio, Atanásio escreve que os bispos "foram obrigados a sintetizar o pensamento das Escrituras", e nós sabemos como toda síntese fatalmente é limitada. Ele convida a ler e estudar as Sagradas Escrituras, certo de que ali se encontraria a confirmação da fé de Niceia; mas também convida a olhar para a vida dos santos, porque eles são a confirmação viva do liame incindível entre a encarnação e a deificação. A afirmação: "Deus se fez homem" exprime a verdade de fé da encarnação do Filho; a outra: "para que o homem se torne Deus" exprime a verdade de fé da salvação eterna dos seres humanos. Os santos são os que já na terra parecem brilhar de luz divina, graças à sua vida íntima com Deus e às suas boas obras. A fé de Niceia, portanto, encontra confirmação no testemunho dos santos. Por outro lado, terminou a idade dos mártires, e os monges, como Antônio, são considerados as melhores testemunhas do Evangelho.

Atanásio escreve a *Vida de Antônio,* a primeira biografia de um santo não mártir, que se torna logo um *best seller*; aliás, segundo Bento XVI, foi o livro mais lido no século IV. Mas é também um *long seller*, como o demonstra o interesse ainda atual por esta obra. Ao bispo alexandrino é atribuída também a biografia da "mãe da Igreja" do deserto: Sinclética; provavelmente, porém, trata-se de uma obra pseudobiográfica do século V. Seja como for, é significativa a atribuição tradicional desse texto a Atanásio, porque é sinal de que o monaquismo primitivo é tanto masculino quanto feminino, da mesma forma com o martírio.

Atanásio é bispo por quarenta e cinco anos, mas passa dezessete no exílio, em cinco períodos diversos: um em Trévis, outro em Roma e três no deserto egípcio, o que se deve a um retorno do arianismo, inclusive sob formas renovadas. Sua têmpera e sua fé o ajudam a resistir e a retornar cada vez mais destemido a seu lugar. Morre em 373, consciente de ser a última testemunha do concílio de Niceia, preocupado com o retorno do arianismo e também de outra heresia, a dos pneumatômacos, que negam a divindade do Espírito Santo: ele escreve sobre isso em carta a Serapião, bispo de Tmuis. Sabe, porém, que alguns teólogos, nascidos depois do concílio e agora em plena maturidade, começam a ser um novo ponto de referência em torno de Basílio, bispo de Cesareia: são os padres capadócios. Atanásio pode passar a eles o encargo de serem testemunhas.

Atanásio foi declarado doutor da Igreja por Pio V em 1568, junto com Basílio de Cesareia, Gregório de Nazianzo e João Crisóstomo.

2.2. Basílio de Cesareia e Gregório de Nazianzo

Enquanto Atanásio vive o terceiro exílio, em torno dos anos 50 do século IV, dois jovens capadócios se encontram em Atenas para aprofundar os estudos clássicos. Ambos cresceram em famílias que são cristãs há várias gerações e suas vidas frequentemente se entrelaçaram.

Basílio nasce em 329 em Cesareia (hoje Caiseri, na Anatólia, Turquia), a cidade onde transcorre quase toda a vida e da qual se tornará bispo. A avó paterna, Macrina, tinha acolhido em sua propriedade o evangelizador da Capadócia, o bispo Gregório, dito o Taumaturgo, que fora aluno de Orígenes em Cesareia Marítima (Israel). Basílio e seus irmãos têm à disposição numerosas obras de Orígenes, precisamente graças ao Taumaturgo que as tinha dado a Macrina.

Gregório nasce em 330 em Arianzo. Seu pai, bispo de Nazianzo, procurará mantê-lo sempre perto de si, apesar de o filho passar por diversos lugares em busca de sua formação cultural.

Basílio e Gregório se conhecem em Cesareia e se reencontram em Atenas. Aqui participam de alguns cursos de estudo junto com Flávio Cláudio Juliano, futuro imperador, que será qualificado como "Apóstata" pelos cristãos. Retornando à pátria, elaboram um projeto de fundar uma comunidade de oração e estudo teológico: algo semelhante aos "ócios" filosóficos dos clássicos, mas em chave cristã. Orienta-os nesta direção também a leitura do fascinante texto de Atanásio, então recentemente publicado: a *Vida de Antônio* [Antão].

Basílio deseja conhecer pessoalmente os pais da Igreja do deserto e faz uma peregrinação para descobrir o monaquismo eremítico: da Siria à Mesopotâmia, da Palestina ao Egito. Fica impressionado com as formas de monaquismo extremo praticadas na Síria: monges que vivem em árvores, em cavernas ou entre os animais, assumindo até a aparência de animais selvagens; alguns passam dias inteiros em pé, suportando o sol e as intempéries, em espírito de penitência. Alguns decênios depois, na Síria, haveriam de ser célebres os estilitas, que viviam no alto de colunas, sem nenhuma condição e com todas as dificuldades de semelhante situação. O mais conhecido estilita foi Simeão (390-459), que viveu por trinta e sete anos sobre uma coluna de aproximadamente quinze metros, encimada por uma plataforma de quatro metros quadrados.

No Egito, Basílio conhece os companheiros e discípulos de Antônio, recentemente desaparecido. Não encontra as formas extremas praticadas na Síria, mas observa que o ponto de encontro de todos os monges é a recusa da sociedade e também da cultura. A renúncia radical de toda forma de riqueza, de fato, compreende também a renúncia ao patrimônio cultural, do qual Alexandria sempre se orgulhou. A maior parte dos padres e das "mães" da Igreja do deserto egípcio somente lê as Sagradas Escrituras, aprendendo-as em boa parte de cor. Conta-se que um monge vendeu a Bíblia para dar o dinheiro aos pobres, justificando seu gesto por estar escrito na Bíblia que se devia vender tudo. Basílio não consegue encontrar-se com Pacômio, desaparecido havia alguns anos, considerado o fundador do monaquismo cenobítico, isto é, comunitário. A ele remonta a primeira regra de vida comum. Basílio aprecia o zelo ascético e a espiritualidade dos monges, mas se mostra perplexo perante a recusa da sociedade e da cultura, inclusive cristã, por parte deles.

Voltando para a Capadócia, reencontra o amigo Gregório e, juntos, se retiram para Anesos, no campo, numa propriedade da família de Basílio, onde levam vida ascética a mãe Emélia e alguns de seus irmãos, seguidores do bispo Eustácio de Sebaste (+-300-377+-). Os dois se dedicam à oração e ao estudo teológico, escolhendo Orígenes como mestre espiritual, graças à leitura frequente de suas obras. A tradição atribui a Basílio e Gregório a compilação de uma antologia de escritos ascéticos e místicos de Orígenes, denominada *Filocalia*, literalmente "amor da beleza". Este termo será retomado muitos séculos depois, quando, no Monte Atos, um monge ortodoxo recolhe e transcreve os textos espirituais mais importantes desde os tempos de Antônio, o Grande, até os místicos bizantinos que viveram mil anos depois dos padres da Igreja do deserto. A primeira edição da *Filocalia* em língua grega, compilada por Nicodemos, o Hagiorita (1749-1809), e pelo bispo Macário de Corinto (1731-1805), foi publicada em Veneza em 1782. A versão eslava, *Dobrotoljubie*, aos cuidados de Paisij Veličkovskij (1722-1794), foi publicada em 1793 e exerceu enorme influência no renascimento espiritual russo do século XIX. Teve grande popularidade também a versão russa de Teófanes, o Recluso (1815-1894), publicada a partir de 1877, que contribuiu a dar mais amplo crédito à *Filocalia* que o famoso "peregrino russo" tinha em mãos. Os *Relatos de um peregrino russo* contribuíram de forma decisiva a fazer crescer o interesse pela *Filocalia* também no Ocidente, a partir dos anos 1970.

Basílio e Gregório projetam uma comunidade monástica a ser fundada em Cesareia. Mas no momento de se transferirem para a cidade e dar forma à sua criação, Gregório volta para junto de sua família de origem, pressionado pelo pai, que deseja dispor da ajuda do filho e que, inclusive, haverá de ordenar presbítero, apesar de certa resistência por parte de Gregório. Basílio se mostra decididamente contrariado pela opção do amigo e entre os dois nasce uma tensão que se prorrogará pelo resto da vida. O primeiro mosteiro urbano da história nasce em Cesareia e as regras escritas por Basílio inspirarão também a regra de São Bento. Também Basílio é ordenado presbítero, mas continua a viver no seu cenóbio, que se caracteriza também como lugar de hospitalidade para pessoas em dificuldades. Durante a grave carestia que atinge a Capadócia entre 368 e 369, Basílio se dedica de tal modo aos mais pobres a ponto de ser comparado a José do Egito.

Por morte de Eusébio de Cesareia, Basílio é escolhido como seu sucessor; também desta vez continuará a viver no seu cenóbio. A nova responsabilidade requer dele a máxima atenção diante da nova expansão do arianismo que acontece sob o impulso do bispo herético Eunômio. Em algumas regiões do império, os bispos arianos são maioria em comparação com os nicenos, isto é, fiéis ao símbolo do primeiro concílio ecumênico. Basílio, preocupado pela situação, decide fundar novas dioceses, para ali colocar bispos de comprovada fé ortodoxa. Propõe o episcopado a Gregório, mas este se recusa, considerando já ser um peso o presbiterado. Basílio chega a atraí-lo para Cesareia: escreve-lhe estar muito doente e desejar ter o conforto do amigo; quando, porém, Gregório descobre a duplicidade do convite, volta para casa e escreve uma carta censurando o amigo. Depois de várias insistências, Gregório aceita a consagração episcopal e Basílio lhe confia a sede da pequena cidade de Sásima. Gregório sente-se enganado, e mesmo como bispo, continua junto de seu pai; sabe ter sido escolhido em função de sua preparação teológica, não por razões pastorais.

O cenóbio de Cesareia se caracteriza pela oração litúrgica. Aliás, uma das mais antigas anáforas bizantinas é atribuída ao próprio Basílio, que ainda hoje traz seu nome. O número crescente de pobres que batem à porta do mosteiro leva o bispo-monge a fundar uma nova sede na periferia. Os trabalhos duram dois anos. Uma parte é destinada aos monges e à vida comunitária, a outra a acolher os pobres, doentes e forasteiros. Criam-se repartições para tratamento dos doentes, com o cuidado de isolar os que pudessem contagiar os demais. Conhecemos a data da inauguração desta nova sede, que depois será chamada de *Basilíade*, em honra do fundador: 5 de setembro de 374. Os monges dividem seus dias entre oração, trabalho e cuidado dos necessitados. A partir da metade do século IV, alguns bispos tinham criado estruturas para acolhida dos necessitados, a ponto de suscitar os ciúmes do imperador Juliano (361-363) que, por outro lado, desprezava o cristianismo e queria restaurar os cultos pagãos. Gregório escreverá uma invectiva póstuma contra ele.

Na pregação dos Capadócios são muito fortes as tonalidades evangélicas, como as que exprimem a necessidade de amar os últimos. Gregório escreve a respeito dos leprosos: «De minha parte, não consigo suportar sem lágrimas seu sofrimento e, ao recordá-lo, fico comovido. Gostaria que também vós provásseis os mesmos sentimentos, para que, com as lágrimas, eviteis as lágrimas" [dos leprosos].

Basílio prega e escreve obras teológicas contra os arianos, abordando os pontos mais perigosos do pensamento deles. Se não se crê na plena divindade do Filho de Deus, está em jogo a salvação dos seres humanos, como já tinham ensinado Ireneu e Atanásio. Segundo o doutor de Cesareia, a reflexão não deve partir de pressupostos filosóficos, mas da revelação bíblica. Por exemplo, se a filosofia afirma que a natureza de Deus, enquanto perfeita, exclui o multíplice, não se deveria aceitar a ideia de Trindade. Mas o cristão inicia sua reflexão a partir das Sagradas Escrituras, nas quais Jesus de Nazaré se revela como Deus e atribui caracteres divinos também ao Espírito Santo. É necessária uma mudança no pensamento filosófico, dado que o próprio Deus revelou alguns elementos de si, que de outra forma não poderíamos ter conhecido. Em particular, para falar de Deus, não se deverá partir do conceito de natureza divina, mas do conceito das pessoas divinas reveladas na Bíblia. Na esteira do pensamento de Basílio, poder-se-á afirmar que a pessoa prevalece sobre a natureza. E é precisamente o conceito de *pessoa* que caracteriza desde então o pensamento, não só de Basílio e dos Capadócios, mas de toda a sucessiva história do cristianismo.

Cabe a Gregório solucionar a questão das assim ditas relações de origem. Se Basílio distinguiu os conceitos de pessoa e de natureza, podendo afirmar que há um só Deus em três pessoas, falta compreender como, na natureza divina é possível individuar as três pessoas. Gregório enfrenta este tema nos discursos pronunciados em Constantinopla em 380, depois publicados com o título *Cinco discursos teológicos,* uma das obras mais importantes da história da teologia. Entre os colaboradores está Evágrio Pôntico, por ele ordenado diácono, que se tornará o primeiro teólogo entre os padres da Igreja do deserto egípcio. Em 379, Gregório chega à capital, onde não há igrejas nas mãos de nicenos, e os arianos dominam a cena. Foi chamado depois da morte prematura de Basílio e se torna o ponto de referência dos nicenos. No discurso fúnebre dedicado ao amigo, Gregório diz:

> "Eu, que misturo as lamentações com os louvores e descrevo com o meu discurso o comportamento deste homem e o proponho para o futuro como retrato da virtude para todos e programa de salvação para todas as Igrejas e para todas as almas, de modo que, olhando para ele como se ele fosse a lei viva, organizamos nossa vida, repito, eu não poderia aconselhar outra coisa a vós que fostes formados pelos seus ensinamentos, senão olhar sempre para ele e aperfeiçoar-vos no Espírito, como se ele vos visse e como se ele fosse visto por vós".

Na visão trinitária de Gregório, as três pessoas divinas se distinguem entre si pelas relações de origem, que, aliás, seus nomes deixam transparecer. Cada qual tem uma característica que não é própria das outras duas: o Pai é aquele que *não é gerado*, o Filho, o que é gerado pelo Pai, e o Espírito, o que *procede* do Pai. O ponto delicado é o modo diverso com que o Filho e o Espírito derivam do Pai: o primeiro *por geração* e o segundo *por processão*. Ainda não se sabe em que consiste a diferença, mas é suficiente afirmar que ela existe e que ela os distingue na identidade pessoal. Gregório não é atingido pelas acusações dirigidas aos padres da Igreja do concílio de Niceia de ter introduzido um termo filosófico e não bíblico no símbolo; de fato, ele se serve do termo *processão,* presente numa frase do evangelho de João, na qual Jesus diz que mandará "o Espírito que *procede* do Pai". Aliás, são os próprios Capadócios a afirmar que, uma vez dito e escrito a respeito de Deus o que é estritamente necessário contra os hereges, devemos abandonar as reflexões complicadas e pôr-nos na escola dos pescadores da Galileia, quer dizer, tornar-nos ouvintes da Palavra de Deus. Gregório escreve: "Eu penso que falar de Deus é impossível e compreendê-lo é ainda mais impossível"; e ainda: "Ninguém jamais respirou o ar na sua totalidade, nem a mente jamais pôde compreender realmente a substância de Deus, nem a voz jamais pôde exprimi-lo totalmente".

A questão da divindade do Espírito Santo tinha sido a última preocupação de Atanásio. Basílio, estrênuo combatente do arianismo radical, tinha sempre aceitado dialogar com quem seguia posições diferenciadas a respeito da divindade do Filho e do Espírito Santo, por isso, costumava afirmar a divindade do Espírito Santo de modo indireto. Gregório o tinha acusado de falta de clareza, pedindo-lhe com insistência que declarasse que o Espírito Santo é Deus, pois se trata de uma responsabilidade da Igreja da época, como antes ele tinha professado a divindade do Filho. Gregório é considerado o maior teólogo do seu século e os orientais o definem ainda hoje como "o teólogo"; todavia, o concílio de Constantinopla, quanto a este ponto, optará pela linha de Basílio, tanto que ao Espírito Santo não será atribuído o termo "Deus" e sua divindade será afirmada de modo indireto, professando que "com o Pai e o Filho é adorado e glorificado".

O poder político passou às mãos de Teodósio, que com o edito de Tessalônica (380), declara o cristianismo religião de estado, desautorizando os demais cultos. As leis correspondentes entrarão em vigor no decênio seguinte, mas a marca cristã do império agora é definitiva. Como fizera Constantino, ele convoca um concílio a fim de unir os cristãos. O segundo concílio ecumênico é celebrado na capital em 381; também com vistas a este acontecimento, Gregório é nomeado arcebispo de Constantinopla. O concílio condena os arianos e os eunomianos, pneumatômacos e sabelianos. Estes últimos tinham sido combatidos pelos Capadócios, porque afirmavam que havia uma só natureza divina e uma só pessoa: Pai, Filho e Espírito Santo seriam *só nomes* que uma única pessoa divina assume quando se revela aos seres humanos (algo semelhante ao velho monarquianismo modalista de Praxeas). A fé dos bispos reunidos na capital é sintetizada em algumas fórmulas que prolongam o símbolo do primeiro concílio, que a partir de então é definido como niceno-constantinopolitano. De fato, acrescentam-se os artigos sobre o Espírito Santo, sobre a Igreja e sobre o batismo. Todos conhecemos este símbolo que estamos acostumados a chamá-lo simplesmente de *Credo*.

Durante o concílio, uma facção de bispos rivais acusa Gregório de ter aceitado a nomeação para Constantinopla de forma ilegítima, sendo bispo de Sásima. Ele prefere não entrar em polêmicas pessoais e abandona a reunião. À frente de Constantinopla é eleito Nectário, pretor da capital, que era somente catecúmeno. Este consegue fazer declarar a sede de Constantinopla como a segunda depois de Roma na ordem das cinco principais sedes episcopais do império, contrapondo-se e desafiando a ferrenha oposição do bispo de Alexandria, Timóteo I, que se vê passado para trás pelo rival bizantino.

Gregório, no ano seguinte, governa a diocese de Nazianzo, e depois se retira para a casa da família em Arianzo, onde transcorre os últimos anos de sua vida na solidão. Além dos outros escritos teológicos, ele nos deixou alguns poemas, inclusive autobiográficos, elaborados pelo fim do seu percurso terreno.

A herança teológica dos dois amigos é levada adiante, tanto no concílio quanto nos anos sucessivos, por um dos irmãos menores de Basílio: Gregório (335-395), o terceiro dos Capadócios, que se tornou bispo de Nissa, apesar de ser casado com Teosébia. Distinguindo-se por uma mente refinada, não foi declarado doutor da Igreja, apesar da enorme contribuição teológica de suas obras. É ele que aperfeiçoa a teologia trinitária, distinguindo as relações internas (*ad intra*), chamados *imanentes*, das que se referem à criação (*ad extra*), chamadas *econômicas* [referentes ao plano de salvação de Deus]. Ele esclarece que as relações imanentes são as operações eternas e identitárias explicadas por Gregório Nazianzeno, enquanto as econômicas não se podem atribuir a uma pessoa divina individualmente, dado que cada operação tem início com o Pai e é realizada por meio do Filho no Espírito Santo.

Para Gregório de Nissa, o homem não pode ser plenamente conhecido, por ser imagem de Deus incognoscível; tal imagem pode ser entrevista na liberdade. Entre as suas muitas obras, não podemos deixar de recordar a *Vida de Moisés*, um dos textos mais importantes da história da mística. A subida ao Monte Sinai é vista como uma grande alegoria do caminho da alma, que culmina no topo, onde Moisés é definido amigo de Deus. Muitos místicos, entre os quais João da Cruz, retomaram a metáfora da subida.

Basílio e Gregório Nazianzeno enfrentaram também o tema da instrução. Basílio escreveu uma carta aos jovens a respeito da leitura dos livros pagãos, convidando-os à prudência, como faz a abelha. Gregório sintetiza este pensamento numa poesia:

> "Com sabedoria, a abelha recolhe tudo o que há de útil e criteriosamente evita tudo o que é ruim. Atendendo à lição da natureza como mestra, imita a abelha sábia, que pousa sobre todas as flores e habilidosamente suga de cada uma o que é bom".

Analogamente, João Damasceno escreverá: "Sejamos sábios banqueiros, que ajuntam moedas boas e autênticas e se desfazem das falsas". Trata-se de uma espécie de censura ética, que hoje consideramos superada, mas que na época significou importante tomada de posição em relação a quem na Igreja afirmava que se devia evitar totalmente a leitura das obras pagãs. O influxo do pensamento dos doutores como Basílio e Gregório Nazianzeno no Oriente, Ambrósio e Agostinho no Ocidente, foi determinante par a conservação e a transcrição das obras clássicas no período tardio antigo.

Em 1980, João Paulo II dedica a Basílio a carta apostólica *Patres Ecclesiae* (Os padres da Igreja), por ocasião do décimo sexto centenário de sua morte.

2.3. Cirilo de Jerusalém

Em 1882 Leão XIII declara doutores da Igreja Cirilo de Jerusalém e Cirilo de Alexandria. A motivação que induz o papa a proclamá-los contemporaneamente baseia-se no simples fato de ambos terem o mesmo nome.

Cirilo de Jerusalém está estreitamente ligado à sua cidade, da qual foi bispo por quase quarenta anos e da qual foi afastado em três períodos de exílio que duraram no total treze anos. Ele é ainda menino quando na Palestina, entre 326 e 328, realizam-se escavações arqueológicas por vontade de Helena, mãe de Constantino, e que levam a identificar os possíveis lugares do nascimento, morte, ressurreição e ascensão de Jesus. São construídas basílicas correspondentes a estes mistérios, uma em Belém e duas em Jerusalém, a mais importantes das quais é a da *Anástase*, que nós costumamos chamar de Santo Sepulcro, consagrada em 335, ano em que Cirilo, com pouco mais de 20 anos, se torna presbítero. Ele continua seus estudos teológicos também durante o episcopado iniciado em 347 e participará das disputas que se seguiram ao concílio de Niceia. Tem simpatia pelas correntes teológicas que à palavra-chave de Niceia, *homoúsios* (consubstancial, da mesma substância) preferem as palavras *homoiúsios* (de substância semelhante) ou *hômoios* (semelhante), cujos expoentes eram chamados respectivamente homousianos e homeus. Basílio busca o diálogo e o mantém particularmente com os homousianos, que são os mais próximos das posições do concílio. Assim como Basílio, Cirilo rejeita as posições dos arianos e dos eunomianos que, por assonância com os termos recentemente adotados, preferem o adjetivo *anômoios* (dissemelhante) e que são ditos anomeus. Quando Cirilo participar do concílio de Constantinopla, acabará por assinar o símbolo contido na palavra *homoúsios*.

Cirilo tinha sido ordenado bispo pelo seu metropolita, o bispo de Cesareia Marítima, Acácio, mas não concordava com seu pensamento, dado que se tratava de um dos máximos expoentes do arianismo de sua época. Entre os dois criou-se uma disputa teológica, por trás da qual desponta também a luta pela preeminência das sedes episcopais: Cesareia é sede metropolitana, portanto, superior a Jerusalém que, pelo seu imprescindível liame com Jesus Cristo, aspira a ser a sede principal da Palestina. Com o apoio de outros bispos, em 358, Acácio faz depor e exilar Cirilo, que no ano seguinte pode voltar a Jerusalém, para ser novamente exilado em 360 e finalmente retomar seu posto, graças ao indulto geral de Juliano, o Apóstata. Acácio tinha acusado Cirilo de heresia, mas também de ter vendido paramentos sagrados durante uma carestia para dar o fruto da venda aos pobres, fato que realmente aconteceu. Segundo o metropolita, foi um grave escândalo que aquelas vestes tivessem reaparecido depois num teatro, vestidas por uma atriz. O terceiro exílio, que durou onze anos, aconteceu entre 367 e 378, por causa do imperador Valente, que protegia os arianos. Cirilo participou do concílio de Constantinopla. Faleceu em Jerusalém em 386. Provavelmente é ele o bispo descrito no diário de viagem de Egéria, peregrina ibérica, na Terra Santa: “Apresenta tão bem todos os mistérios que ninguém podem deixar de se comover”.

Não foram as controvérsias teológicas que levaram Leão XIII a declarar doutor da Igreja Cirilo de Jerusalém, mas suas catequeses. Por isso, devemos voltar à basílica constantiniana da *Anástase* e observar Cirilo, rodeado de catecúmenos que se preparam para receber o batismo. O bispo Cirilo, pessoalmente, faz questão de acompanhá-los durante a quaresma, com seus ensinamentos, chamados catequeses pré-batismais. Na Páscoa, ele celebra sua iniciação cristã, administrando o batismo e a crisma, convidando-os a participar pela primeira vez da celebração eucarística e dando-lhes a comunhão. Na semana da Páscoa, continua a formá-los com novos ensinamentos, chamados catequeses mistagógicas, isto é, instruções sobre os mistérios.

Chegaram até nós muitas catequeses pré-batismais e cinco catequeses mistagógicas. As primeiras, de sabor bíblico, narram a história da salvação em vez dos sacramentos, fato que hoje pode ser considerado estranho. No entanto, nos séculos IV e V, alguns bispos estão convencidos de que não seja possível descrever os sacramentos antes de fazer a experiência deles: seria como ensinar a nadar ficando na praia. Por isso, torna-se necessária a mistagogia, isto é, a instrução que acontece nos dias imediatamente seguintes à iniciação, baseada na experiência vivida. Cirilo escreve:

> "Meus verdadeiros filhos e amados pela Igreja, fazia muito tempo que eu desejava falar-vos destes mistérios espirituais e celestes, mas sabendo muito bem que se crê mais no que se vê do que no que se ouve, esperei por este momento. Encontrando-vos mais disponíveis para o que vou dizer nesta tarde, eu vos guiarei ao prado luminoso e perfumado do paraíso".

As catequeses mistagógicas atribuídas a Cirilo provavelmente foram escritas pelo seu sucessor, João, mas refletem sem dúvida o pensamento de Cirilo. Entre os autores gregos, deixou-nos catequeses semelhantes João Crisóstomo e Teodoro de Mopsuéstia, que estudou junto com João de Jerusalém; entre os latinos, Cromácio de Aquileia, Ambrósio de Milão e Agostinho de Hipona também deixaram exemplares desse tipo de catequese.

De Cirilo conserva-se uma carta escrita ao imperador Constâncio em 351, na qual refere ter sido testemunha, junto com os moradores de Jerusalém, da aparição de uma cruz luminosa, no dia 7 de maio daquele ano, por volta da hora terceira. Segundo sua narração, a cruz se estendia do Gólgota até o Monte das Oliveiras e ficou visível a todos por diversas horas. Terminada a visão, a basílica da *Anástase* se encheu de gente de todas as idades, até de pagãos, que louvavam a Deus por ter visto tal prodígio. Até hoje em Jerusalém se celebra a festa da descoberta da Santa Cruz por Helena, mãe de Constantino, e o dia escolhido foi precisamente no dia 7 de maio, a fim de uni-lo à lembrança da aparição da Santa Cruz nos tempos de Cirilo.

2.4. João Crisóstomo

João nunca ficou sabendo do honroso sobrenome "Boca de Ouro", que remonta a vários séculos depois de sua morte: para seus contemporâneos foi simplesmente João de Antioquia. Ele nasce nesta cidade em torno de 350 e vive sob as asas protetoras da mãe, Antusa, que ficou viúva muito jovem e também por isto em dificuldades para deixar o filho levantar o voo.

João estuda retórica sob a guia de Libânio, o mais célebre mestre de sua época, e as Sagradas Escrituras, sob a guia de Diodoro de Tarso, na escola teológica de Antioquia, que lhe transmite também um profundo espírito ascético. Vive alguns anos numa espécie de mosteiro doméstico com a mãe, depois decide ficar junto de um monge ancião, dedicando-se à oração e aos estudos. Depois de quatro anos, tenta viver como eremita numa zona de montanha, impondo-se uma rígida ascese que em poucos anos se mostrará prejudicial para sua frágil saúde. Surgem nele algumas dúvidas quanto à utilidade da vida monástica e decide voltar para sua cidade, onde, por insistência do bispo Flaviano, aceita tornar-se presbítero.

Define a Bíblia como a carta de Deus à humanidade e é capaz de explicá-la, tanto de modo acadêmico quanto de modo divulgativo, o que leva o bispo a nomeá-lo pregador oficial da catedral. Flaviano, caso raríssimo, encarrega João de fazer a homilia, mesmo quando o próprio bispo celebra. Por mais de dez anos, a catedral se enche de gente que deseja nutrir-se da Palavra de Deus partilhada por João em longuíssimas homilias, com frequência interrompidas por aplausos e aclamações. Remontam a 387 algumas das primeiras, nas quais ele procura aplacar a ira dos revoltosos que, perante o aumento das taxas, tinham destruído as estátuas de Teodósio. João dedica uma parte da homilia a dar conselhos aos pais sobre como transmitir aos filhos os ensinamentos da Bíblia, convidando-os a consagrar uma parte do almoço dominical a esta finalidade. Os filhos, assim, seriam também nutridos no espírito, sem que fosse necessário leva-los à igreja para assistir às celebrações, que podiam prolongar-se por três ou quatro horas.

Podemos fazer uma ideia de sua capacidade de explicar as Sagradas Escrituras de forma simples e envolvente ao ler suas homilias sobre os *Evangelhos de Mateus e de João*, os *Atos dos Apóstolos* e as *Cartas de Paulo.* Estes textos, copiados séculos a fio pelos amanuenses, foram usados por inumeráveis presbíteros e bispos como roteiro para as próprias homilias. Muitas páginas são ainda hoje atuais, como a de uma famosa homilia sobre o Evangelho de Mateus, em que recorda que o corpo de Cristo deve ser honrado, tanto na Eucaristia quanto nos membros dos pobres. João não nega o valor das ofertas para ornar os lugares sagrados, mas afirma que isto é meritório, só se antes tivermos cuidado dos pobres. De fato, o mesmo Senhor que na última ceia disse: "Isto é meu corpo" em referência à Eucaristia, também disse:

"Vós me tendes visto com fome e não me destes de comer", e assim por diante, em referência aos necessitados. Portanto, seria absurdo construir templos com colunas e pavimentos de mármore, e celebrar a liturgia com cálices de ouro, em honra do mesmo Senhor que está morrendo no pobre.

O cuidado do pobre é uma urgência para João e este tema retorna continuamente na sua pregação. Em algumas homilias ele analisa a situação de Antioquia, observando que cerca de dez por cento dos habitantes vive na riqueza e uma porcentagem semelhante sobrevive em total indigência; o restante, oitenta por cento, vive dignamente. Como aliviar a situação dos indigentes? Segundo Crisóstomo, são os ricos que devem preocupar-se com os pobres, dando-lhes a possibilidade de trabalhar, sem explorá-los. Quem vive na riqueza e não cuida dos pobres merece a condenação e sabe que está destinado ao fogo eterno. Quem pertence à classe média, nem por isso é dispensado dessa responsabilidade: de fato, mesmo não se dando conta, possui o supérfluo que deveria partilhar com quem passa necessidade. A este propósito, durante uma homilia dominical, João faz uma proposta, garantindo que se trata só de uma hipótese. Convida os presentes a imaginar que, na próxima semana, eles voltem à igreja, trazendo tudo o que possuem em casa e que o depositem na praça em frente à igreja. Depois da liturgia, cada qual retomará, dentre as próprias coisas, tudo o que lhe é necessário. João está pronto a apostar que a praça ficará cheia de muitíssimas coisas que serão abandonadas, porque consideradas inúteis ou porque as pessoas nem mais se lembrarão que lhes pertencem. O exemplo serve para demonstrar que todos podem partilhar alguma coisa com os indigentes.

O cuidado do pobre, para João, não está em antítese com a celebração dos sacramentos; pelo contrário, na tradição, ele é chamado *doctor Eucharitiae* (doutor eucarístico). Além de um conhecido tratado juvenil sobre o presbiterado, no qual imagina dialogar com um amigo de nome Basílio, em muitas homilias explica a necessidade de construir a unidade da Igreja em torno da Eucaristia. Assim como o pão é composto por muitos grãos de trigo e se torna um só, assim quem se alimenta do pão eucarístico se torna uma só coisa, mas deve demonstrá-lo mediante o amor fraterno. O poder criador de Deus, que com sua bênção dada aos primeiros homens permitiu à humanidade crescer e multiplicar-se em toda a história, manifestou-se na bênção do pão e do vinho realizada por Jesus Cristo, que perpetua sua presença sobre os altares do mundo inteiro até seu retorno. Como para Basílio, também a João é atribuída a paternidade de uma anáfora eucarística que, aliás, até hoje as Igrejas orientais de tradição bizantina utilizam diariamente, reservando a de Basílio para alguns dias do ano litúrgico.

Crisóstomo exalta a vida presbiteral e a monástica, tanto que nos anos juvenis convidava os pais a confiar seus filhos aos mosteiros. Ele faz notar que na Bíblia não se encontram os termos monge e leigo: «Esta distinção foi introduzida porque os homens a inventaram", mas todos deveriam viver como os monges, isto é, buscando a perfeição. Na sua maturidade, porém, reflete de forma mais aprofundada a respeito do matrimônio, considerando-o o sacramento do amor e da unidade, e definindo a família como uma pequena igreja. Por que existe a divisão da humanidade em dois sexos? Como vimos na parte dedicada a Basílio e Gregório, na visão grega, a divisão é sinônimo de imperfeição. No Gênesis está escrito: "Deus criou o homem a sua imagem; à imagem de Deus o criou; macho e fêmea os criou", mas como se pode manter a perfeição de Deus, se sua imagem está dividida? Conforme comenta magistralmente o P. Tomáš Špidlìk, para João, o matrimônio é a realização da unidade, não com base na natureza, mas no amor. A mulher e o homem, amando-se, são uma só coisa e assim se tornam verdadeiramente imagem de Deus: esta imagem é mais significativa do que a hipotética perfeição de um ser humano assexuado. O matrimônio pode ser considerado o sacramento da unidade do gênero humano, pois graças a duas pessoas, a unidade progride a caminho da sociedade.

Em 398, mediante um estratagema, João é atraído para Constantinopla pelo imperador e é obrigado a ser consagrado arcebispo da capital pelo bispo Teófilo de Alexandria, depois de ter recusado a proposta alguns meses antes, por ocasião da morte de Nectário. A crise moral e espiritual da cidade exigia a escolha de um homem irrepreensível e preparado. João põe em prática também como bispo os princípios que continua a pregar, mas encontra a oposição dos reinantes e de boa parte do clero, dado que nessas categorias não faltam corruptos. Perante a oposição de alguns bispos simoníacos, é obrigado a excomungá-los, e a tensão cresce. Teófilo de Alexandria, sede rival de Constantinopla, aproveita da situação e acusa Crisóstomo de proteger alguns monges que ele tinha expulsado do Egito porque eram sequazes da teologia de Orígenes. Teófilo consegue a deposição e o exílio de João em 402, mas este é logo reabilitado, para ser novamente deposto e exilado dois anos depois. Por três anos vive em Cúcuso, atual Göksun, na Capadócia. Em seguida, é obrigado a retirar-se para a região do Mar Negro; durante a viagem, feita a pé, morre extenuado em Comana Pôntica no dia 14 de setembro de 407. Segundo a tradição, sentindo-se em fim de vida, vestiu uma túnica branca, recebeu a comunhão e se deitou por terra dizendo: "Glória a Deus por tudo".

Em 438 seu corpo foi trazido para Constantinopla, acolhido pelo tripúdio do povo que o venera como um grande santo. É considerado o maior bispo da capital, apesar de sua breve permanência. Até hoje o patriarca de Constantinopla define sua sé episcopal como o "trono de João Crisóstomo". Na Baixa Idade Média, as relíquias de João, junto com as de Gregório de Nazianzo, aparecem em Roma, na basílica de São Pedro, talvez furtadas em Constantinopla durante a quarta cruzada. Em 2004, a pedido do patriarca Bartolomeu I, João Paulo II restitui as relíquias (ou doa, explicita o Vaticano) à Igreja Ortodoxa e agora repousam na igreja dos Santos Apóstolos em Constantinopla, antigo lugar de sua sepultura.

Em 2007, no décimo sexto centenário da morte de João Crisóstomo, Bento XVI lhe dedica uma carta apostólica, em que sublinha seu empenho em favor da unidade da Igreja, determinante na recomposição de um cisma entre Antioquia e Roma.

2.5. Cirilo de Alexandria

Cirilo nasce em torno de 370 em Teodósia do Egito (atual el-Mahalla-el-Kubra) e é sobrinho do poderoso Teófilo, bispo de Alexandria. Este, bispo desde 385, quando no início dos anos 390 entram em vigor as leis teodosianas que proíbem os cultos não cristãos, empenha-se em fazer destruir os templos pagãos e a zombar dos seus objetos sacros. Apesar de o próprio imperador Teodósio pedir ao bispo para ser clemente com os pagãos, não quis ouvir razões e continuou a reprimi-los. Já encontramos sua intransigência e seus anseios de poder ao falarmos de João Crisóstomo. Teófilo morre em 412 e lhe sucede o sobrinho, apesar da perplexidade de uma parte do clero, que teme a continuidade da linha dura do tio.

Efetivamente, Cirilo governa seu território por mais de trinta anos com braço de ferro, a ponto de ser considerado um faraó. Entre os episódios embaraçosos, enumera-se o da expulsão dos Judeus, a perseguição aos hereges e a trágica morte de Hipácia em 415. Filha do filósofo, astrônomo e matemático Teone, Hipácia segue as pegadas do pai no Museu de Alexandria, lugar-símbolo da cultura helênica. Entre seus discípulos está Sinésio de Cirene, que se transferira para Alexandria e considerava Hipácia sua mestra, como nos informa seu epistolário. Cerca de 410, Sinésio é proclamado bispo de Ptolemaida e é consagrado por Teófilo, que consegue vencer suas perplexidades devidas à preocupação pela própria família (seu casamento tinha sido celebrado pelo próprio Teófilo) e ao desejo de continuar a seguir as doutrinas filosóficas nem sempre compatíveis com a visão cristã.

Hipácia goza de muita estima no âmbito cultural e científico, mas é malvista pelos cristãos mais intransigentes, porque é pagã e acusada de apoiar o prefeito romano Orestes, que está em conflito com Cirilo por questões de poder. Um grupo de parabolanos, monges do deserto constituídos como enfermeiros e guardas pessoais do bispo, captura Hipácia e a lincham, queimando depois o corpo. A maior parte dos historiadores da época, tanto cristãos quanto pagãos, atribui a responsabilidade do homicídio a Cirilo; a acusação não tem como ser provada, mas é um fato que o bispo não condenou os parabolanos.

Depois destas notícias, parece difícil compreender como Cirilo possa ser venerado como santo, tanto pelas Igrejas Orientais quanto pelas do Ocidente, e como possa ter sido declarado doutor da Igreja. Mas ponhamos de parte toda perplexidade e passemos à parte teológica, que se entrelaça com a geopolítica religiosa. Cirilo de Alexandria é protagonista da disputa com Nestório e do concílio de Éfeso em 431. Nestório nasce em torno de 380 em Germanícia Cesárea (atual Kahramanmaraş, na Turquia) e é aluno de Teodoro de Mopsuéstia. Sua fama de ótimo presbítero, monge e teólogo, leva os eclesiásticos de Constantinopla a nomeá-lo bispo da capital em 428. Assim, pela segunda vez, um antioqueno assume este ofício. Sua pertença à escola antioquena pesa na avaliação negativa do costume alexandrino e bizantino de definir Maria *Theotokos*, isto é, mãe de Deus. As motivações de Nestório se referem só indiretamente à figura de Maria: sua preocupação é a de salvaguardar a distinção das duas naturezas de Cristo (divina e humana) e insiste afirmando que se deve preferir o termo *antropotokos*, isto é, mãe do homem.

Cirilo estudou na escola de Alexandria, que se opõe às posições antioquenas, considerando-as próximas do arianismo e que acentua particularmente a divindade de Cristo. Contra Nestório, Cirilo afirma a existência de uma única natureza encarnada do Logos divino; esta fórmula, porém, corre o risco de anular a natureza humana de Cristo; fórmula que ele atribui a Atanásio, mas que, na verdade, era do herético Apolinário de Laodiceia. Em 429, Cirilo escreve uma carta a Nestório, dando início a um intercâmbio epistolar que dura alguns meses, até quando os dois decidem dirigir-se a Roma, a primeira sede episcopal do império. O bispo de Roma, Celestino, no final de um sínodo celebrado em agosto de 430, toma o partido de Cirilo e o encarrega de intimar Nestório a retratar sua posição, informando-o que, em caso contrário, será deposto. O bispo de Alexandria, porém, ganha tempo; celebra um sínodo, formulando anátemas que ele anexa ao decreto de Roma e somente no mês de novembro envia os documentos a Constantinopla.

Nestório não aceita o *ultimatum* e, aborrecido com o papel que Cirilo desempenhou nessa questão, pede ao imperador Teodósio que convoque um concílio para dirimir a questão teológica. Este aceita a proposta do bispo e convoca o concílio, apesar de não ser muito fácil viajar nos meses de inverno. O convite a participar é dirigido aos bispos orientais, como nos concílios do século anterior, mas também a Celestino de Roma e ao mais importante teólogo latino da época: Agostinho de Hipona. Este tinha falecido no final de agosto; a notícia de sua morte, porém, ainda não se tinha difundido, dada a dificuldade de comunicação com as províncias africanas invadidas pelos Vândalos.

Na data marcada, dia 7 de junho de 431, Cirilo está em Niceia com muitos bispos de sua corrente teológica. Não tinham chegado, todavia, o próprio Nestório, o bispo João de Antioquia, muitos bispos orientais e os delegados dos bispos de Roma e de Cartago. No dia 22 de junho, Cirilo abre o concílio, apesar das importantes ausências, contra o parecer do representante de Teodósio II. São aprovados os anátemas formulados por Cirilo e os conteúdos de algumas cartas dirigidas a Nestório, que é excomungado e deposto por contumácia. No dia 26 de junho chegam uns cinquenta bispos guiados por João de Antioquia, que reabre o concílio por autorização do comissário imperial, e ameaça revogar os atos de Cirilo. Informado do que aconteceu, Teodósio II convoca mais uma vez o concílio, intimando às partes que estivessem presentes, o que não acontecerá, apesar da chegada dos latinos que aderem a Cirilo, por ordem de Celestino. O imperador envia um novo comissário para dirimir as questões em suspenso, mas este, não conseguindo pôr de acordo as partes, faz prender tanto Nestório quanto Cirilo. Este consegue evadir-se e volta para Alexandria, enquanto Nestório é deposto e se transfere para Antioquia, onde depois será exilado em vários lugares, para terminar sua existência no deserto egípcio, onde viverá como monge e morrerá em torno de 451, após escrever diversas obras teológicas.

O anômalo concílio de Éfeso é reconhecido como o terceiro da história por parte de todas as Igrejas, menos pela Igreja do Oriente, atualmente chamada Igreja Assíria do Oriente, que considera Nestório seu principal doutor da Igreja. Esta Igreja, difundida na Mesopotâmia desde as origens do cristianismo, em 424 declara-se autocéfala, isto é, independente em relação à sé antioquena, da qual até então dependia. Inicialmente, a autonomia não se referia a questões de fé, mas depois da condenação de Nestório, consuma-se a separação, que dá origem ao primeiro cisma da história da Igreja.

Em 433, Cirilo de Alexandria e João de Antioquia encontram um acordo teológico quanto à união das duas naturezas em Cristo (antecipando, em parte, as definições do concílio de Calcedônia de 451) e a respeito da maternidade de Maria. Em sua fórmula de união, de fato, definem Cristo "perfeito Deus e perfeito homem" e professam que "a santa virgem é mãe de Deus". Cirilo morre em 444 na sua cidade. Além dos escritos teológicos, deixou-nos numerosos comentário bíblicos. Demos-lhe a palavra para saborear uma síntese de sua cristologia, em plena continuidade com o pensamento de Atanásio:

> "O Verbo do Pai, feito homem, não deixou de ser o que era: continuou a ser Deus também na humanidade e Senhor na forma de servo. Ao rebaixar-se até nós, possui a plenitude da divindade, e na fraqueza da carne, continua a ser o Senhor das potências. Além disso, embora encontrando-se dentro dos limites humanos, possui como próprio o que está para além de qualquer criatura. Tudo o que ele era antes da carne, ele o possui de forma plena e completa, sem que nada possa ser-lhe subtraído: era Deus, Filho verdadeiro, unigênito, luz, vida e poder; ao passo que tudo o que não era, ele o assumiu com vistas à economia [intervenção salvífica em favor dos homens]: de fato, fez próprias todas as características da carne".

A tradição atribuiu a Cirilo de Alexandria o título de *doctor Incarnationis* (doutor da Encarnação).

2.6. Hilário de Poitiers

Voltamos ao século IV para encontrar os doutores latinos, o primeiro dos quais é Hilário, que nasce no início do século, provavelmente em Pictavium, hoje Poitiers. Não se têm muitas notícias antes de sua eleição a bispo da cidade, ocorrida em 350. Sabe-se que era casado, que teve uma filha chamada Abra e que se dedicara aos estudos de retórica. É o primeiro teólogo latino a participar das disputas teológicas pós-nicenas e que se posiciona contra os arianos. O ano que assinala o momento decisivo em sua vida é o de 356, quando o sínodo de Béziers o condena, dado que a maioria dos bispos, sob influxo do poderoso bispo de Arles, Saturnino, é seguidora do arianismo. O governador Flávio Cláudio Juliano impõe-lhe o exílio na Frígia, no coração da Anatólia; depois será o próprio governador, feito imperador, a conceder-lhe que possa voltar

Nos anos do exílio, Hilário estuda os autores cristãos gregos, em particular apaixona-se pela exegese de Orígenes e se deixa envolver pelas disputas teológicas, vindo a conhecer as várias correntes de pensamento. Mantém contato com sua diocese e com os bispos da Gália, constituindo-se em verdadeira ponte teológica entre o Oriente e o Ocidente. Recordemos o contexto histórico: Constâncio II procura manter o império unido servindo-se da força do cristianismo, mas à diferença do pai, Constantino, pende para o arianismo e manda para o exílio Atanásio, o grande defensor de Niceia. Num sínodo realizado em Sírmio, na Panônia, os bispos mais influentes junto ao imperador aprovam uma fórmula de fé próxima do arianismo e proíbem o uso dos adjetivos *homoúsios* e *homoiúsios*. É o ano de 357 e Hilário, que está acompanhando as controvérsias teológicas, publica um texto contra aqueles bispos e o envia para a Gália, a fim de informar o episcopado a respeito do que está acontecendo no Oriente. No ano seguinte, o bispo de Ancira (atual Ankara), Basílio, convoca um sínodo restrito e propõe pela primeira vez o adjetivo alternativo *hômoios*, defendendo uma via intermédia entre os nicenos estritamente ligados ao *homoúsios* e os arianos (*anomeus*). O próprio bispo consegue convencer Constâncio II a condenar os anomeus depois de um novo sínodo reunido em Sírmio, sempre em 358.

Hilário tem a oportunidade de conhecer pessoalmente Basílio de Ancira e aprecia a proposta do adjetivo *hômoios* e as posições conciliadoras em relação aos homeusianos. Conforme ele mesmo escreve em *Os sínodos dos orientais*, não pretende renegar o termo *homoúsios* e, sem anular a condenação dos anomeus, aceita também os adjetivos mais temperados usados pelos homeusianos e os homeus. Deve-se notar que no texto dedicado aos sínodos está contida a tradução em latim do símbolo de Niceia, que se difundiu em todo o Ocidente. Ele mesmo participa do sínodo de Selêucia Isaura (atual Silifke) de 359, como representante dos homeusianos, propondo que não se rejeite o *homoúsios* e ao mesmo tempo que se aceitem adjetivos temperados, mas Constâncio II impõe o uso exclusivo do adjetivo *hômoios*. A mesma deliberação é expressa no Ocidente, no sínodo paralelo de Rímini.

De fato, os sínodos de Selêucia e de Rímini permitem aos bispos arianos permanecer firmemente no poder e conquistar novas sedes episcopais. Hilário escreve um novo texto, desta vez contra o imperador, em que o acusa de ser culpado de trair o símbolo niceno e onde o define como perseguidor astuto que

> "nos bajula, não nos dá bordoadas, mas nos acaricia o ventre; não nos faz perder a liberdade na prisão, mas nos torna seus escravos dentro de seu palácio; não nos corta a cabeça com a espada, mas nos mata a alma com o dinheiro. Não nos vence contrastando-nos, mas nos domina adulando-nos; confessa Cristo, para que na realidade ele seja negado; favorece uma forma de unidade para que não haja verdadeira paz; constrói igrejas, mas para destruir a fé".

Hilário é conhecido particularmente por ter publicado nos anos do exílio o primeiro tratado de fé nicena em língua latina sobre a Trindade, ao qual se referirá amplamente Agostinho de Hipona no texto que traz o mesmo título: *De Trinitate.* Sua teologia se baseia na Bíblia: ele pesquisa os traços da Trindade a partir do Antigo Testamento e os encontra já nas primeiras páginas do Gênesis. Por exemplo, o fato de que a Deus sejam referidos verbos na primeira pessoa, tanto singular quanto plural, é sinal da unidade e da distinção das pessoas divinas À diferença de anteriores autores latinos, não usa as imagens da natureza, porque correm o risco de induzir ao erro de extensão. Procuremos entender. Alguns padres da Igreja, como Tertuliano, tinham usado metáforas para explicar a Trindade, como: sol, raios, luz/calor; raiz, tronco, ramos; fonte, rio, regatos. Para Hilário, o risco era pensar que o Filho e o Espírito Santo estivessem contidos no Pai, para depois sair dele em determinado momento: ora, isto é um dos pressupostos do arianismo. Portanto, as imagens propostas por outros autores podiam ser talvez adaptadas para seu tempo, não, porém, para o século IV.

Outra obra importante é o *Comentário ao Evangelho de Mateus*, escrito antes do exílio, que representa o primeiro texto de explicação integral de um livro bíblico em língua latina. É do período após o exílio uma de suas últimas obras: o *Tratado sobre os mistérios*, que deixa entrever seu conhecimento dos exegetas gregos. O breve texto propõe uma leitura do Antigo Testamento, considerado espelho do Novo. Hilário procura e encontra numerosas prefigurações da futura obra de salvação realizada por Cristo. Nas páginas finais escreve:

> "Era oportuno que todas estas prefigurações, conhecidas e realizadas somente nele, fossem conservadas na memória, mediante escritos e livros sigilados, para que as

gerações sucessivas, instruídas pelos fatos do tempo precedente, pudessem contemplar o presente no passado e venerar ainda agora o passado no presente".

A vida de Hilário se cruza com a de um conhecido santo ocidental: Martinho de Tours. Este, nascido na Panônia cerca de 315, alista-se no exército imperial e permanece longamente em Amiens. Depois da conversão ao cristianismo e do conhecido episódio da metade da capa doada a um pobre, que em sonho a vê vestir o próprio Cristo, continua sua vida militar por uns vinte anos, mas depois tem um desentendimento com o governador Flávio Cláudio Juliano, é afastado da Gália. Conhece Hilário um pouco antes do seu exílio e com sua bênção inicia uma vida eremítica em Milão, donde, porém, é expulso por Auxêncio. Em 357 vive uma experiência eremítica na ilhota de Gallianara, diante da costa da Ligúria, e finalmente se transfere para Poitiers. Por ocasião do retorno de Hilário do exílio e sob sua proteção, funda um mosteiro em Ligugé, um dos primeiros do Ocidente. Em 371 será eleito bispo de Tours, onde viverá até 397. É o primeiro santo não mártir ocidental de que tenha sido escrita a biografia, analogamente à de Antônio [Antão], o Grande, no Oriente.

Por fim, recordemos que Hilário morre em Poitiers em 367 e é declarado doutor da Igreja por Pio IX em 1851, mediante o breve *Si ab ipsis* (Se por eles). O papa afirma ter respondido positivamente ao apelo do episcopado francês, que solicitava que o título de doutor, com que Hilário já era venerado em muitas dioceses da França, fosse estendido à Igreja universal.

2.7. Ambrósio de Milão

Ao morrer em 374 o bispo de Milão, Auxêncio, expoente da corrente ariana, abre-se a luta entre nicenos e arianos para a sucessão. A cidade está em tumulto e o governador, graças a seu ascendente, intervém eficazmente. Seu nome é Ambrósio. Nasce em 334 em Tréveris, nas Gálias, precisamente no período em que Atanásio está no exílio. Seu pai era prefeito do pretório; depois de sua morte prematura, a mãe se transfere para Roma com os três filhos. Após os estudos, aos dois rapazes, Sátiro e Ambrósio, são confiados cargos estatais, ao passo que a irmã, Marcelina, entra para um grupo de virgens consagradas. Em 365, Ambrósio ocupa um cargo público em Sírmio, e em 370 é nomeado governador da província da Ligúria e da Emília, com sede em Milão. Cresceu numa família cristã, mas ainda não recebeu o batismo; em 374 inscreve-se como catecúmeno, programando receber o batismo no ano seguinte.

Auxêncio, discípulo do evangelizador dos Godos, Wúlfila, tornou-se bispo de Milão em 355, após Constâncio II depor o bispo niceno Dionísio. À sua morte, abriu-se uma discussão com vistas à sucessão: provocará desordens tais, a ponto de requerer a intervenção do governador. Acalmada a cidade, a multidão aclama Ambrósio como bispo. Ele se recusa, e de noite foge a pé de Milão, mas a neblina de fim de novembro o confunde e na manhã seguinte ainda se encontra pelos arredores da cidade. Os milaneses solicitam a intervenção do imperador Valentiniano, que intima Ambrósio a aceitar a vontade do povo, considerada como a manifestação clara também à vontade de Deus. Em poucos dias, Ambrósio recebe todos os sacramentos. É consagrado bispo a 7 de dezembro, data que, após sua morte, haverá de ser a data de sua festa. A diocese de Milão ficará tão ligada a ele a ponto de definir-se ambrosiana.

No início do episcopado faz duas opções muito importantes. A primeira é a de destinar seus bens aos pobres e iniciar a viver sobriamente, despojando-se inclusive das insígnias preciosas do palácio episcopal e mostrando-se sempre disponível a ouvir e ajudar quem batesse a sua porta. Agostinho de Hipona refere seu espanto ao ver o tempo que Ambrósio dedica diariamente às pessoas. A segunda é a de suprir suas lacunas no campo bíblico e teológico. De fato, Ambrósio tem uma ótima preparação cultural e conhece a língua grega, mas não fez estudos específicos em termos de cristianismo. Entrega-se aos cuidados do presbítero Simpliciano, perito nas Sagradas Escrituras e filósofo neoplatônico. Estuda na língua original as obras de Orígenes e as de seus contemporâneos: Atanásio, os Capadócios, Cirilo de Jerusalém e Dídimo, o Cego, grande exegeta da escola de Alexandria. Traduz, em parte, e cita amplamente as obras dos grandes padres e doutores da Igreja. De alguma forma continua o serviço precioso prestado anteriormente ao mundo latino por Hilário, consolidando a ponte que une o Oriente ao Ocidente.

Nas suas obras nota-se uma harmoniosa síntese entre o pensamento clássico e o cristão. Um caso emblemático é representado por uma sua obra moral, o *De officiis ministrorum* (Os deveres dos ministros). Ele se inspira no *De officiis* de Cícero, que se baseou sobre as virtudes dos estoicos, e substitui os exemplos de vida dos heróis clássicos pelos dos personagens bíblicos. Interessante que, no mesmo período histórico, outro doutor, Jerônimo, o Dálmata, vive uma tensão dramática entre seu amor pela cultura clássica e as exigências da fé cristã.

Incansável no serviço aos pobres, Ambrósio encontra tempo para publicar diversas obras, embora muitas homilias tenham sido estenografadas e transcritas por seus colaboradores. Ele não se apresenta como perito em teologia, mas sabe que é necessário intervir no debate teológico. Nos primeiros anos de episcopado compõe um escrito sobre a fé (*De fide*, 377-378), condenando os arianos, e um sobre o Espírito Santo (381). Da mesma forma como Cirilo de Jerusalém, deixou-nos catequeses pré-batismais e mistagógicas. Aliás, no âmbito litúrgico, ele é lembrado como o primeiro hinólogo latino. A ele é atribuída a origem do rito ambrosiano que, com as modificações ocorridas ao longo do tempo, é usado até hoje na diocese de Milão, constituindo, entre os ritos latinos, a única alternativa ao rito romano.

Agostinho ficou admirado ao ver Ambrósio ler as Sagradas Escrituras sem mover os lábios. Para os antigos, era normal ler sempre em voz alta, a fim de serem ouvintes além de leitores, fato que para os cristãos constituía um valor somado aos textos sagrados. Agostinho pensa que Ambrósio esteja de tal modo impregnado das Sagradas Escrituras que não lhe é necessário ler em voz alta. Bento XVI afirma que ele pode ser considerado o iniciador da *lectio divina* no Ocidente: trata-se de uma forma de oração bíblica que será codificada sobretudo pelo monaquismo medieval, do qual é herdeira a assim dita leitura orante das Sagradas Escrituras.

Ambrósio assiste à ascensão de Teodósio ao trono, que em 380 declara o cristianismo religião de estado. O imperador, que em 381 convoca o concílio de Constantinopla, arvora-se em protetor da Igreja, por evidentes interesses políticos. Ambrósio, em outros tempos funcionário estatal e agora bispo da prestigiosa sede de Milão, sente que é necessário intervir para contrastar os excessos de Teodósio, sem temer cair em desgraça, afirmando que o imperador pertence à Igreja, mas não está acima da Igreja.

Em duas circunstâncias emblemáticas ele intervém em relação a Teodósio. A primeira é ligada a um episódio ocorrido em 388 em Calínico, na Síria, onde alguns cristãos incendiaram a sinagoga, e o imperador acusou o bispo da cidade de ter insuflado os criminosos. Teodósio impõe ao bispo local reconstruir o edifício por sua conta, mas Ambrósio se impõe e consegue outra solução, depois de assumir a responsabilidade de ser o mandante do incêndio. Aqui emerge o antijudaísmo de Ambrósio, aspecto tristemente comum também a outros autores cristãos. A segunda circunstância é ligada ao linchamento de um funcionário romano, ocorrido em Tessalônica em 390. Para dar uma lição à população, o imperador mandou matar milhares de pessoas que se encontravam na arena da cidade assistindo a uma corrida equestre. Ambrósio escreve imediatamente a Teodósio, intimando-o a submeter-se à penitência pública para poder ser readmitido aos sacramentos. O imperador declara publicamente seu arrependimento e no Natal seguinte poderá participar da Eucaristia.

Ambrósio morre em Milão no sábado santo de 397, assistido pelo amigo Honorato, bispo de Vercelli. A propósito do paraíso, ao qual dedica uma obra acompanhada de uma carta como comentário, escreve: "O paraíso não parece que possa ser terrestre; ele não está em algum lugar físico, mas na parte principal e mais profunda de nós mesmos, animada e vivificada pelas virtudes da alma e pela infusão do Espírito Santo".

Ambrósio de Milão pertence ao grupo dos primeiros quatro padres da Igreja latinos proclamados doutores por Bonifácio VIII em 1295; os outros são Jerônimo, o Dálmata, Agostinho de Hipona e Gregório Magno.

Em 1973, Paolo VI escreve uma carta ao cardeal Colombo, no décimo sexto centenário da ordenação episcopal de Ambrósio. Em 1996, ao aproximar-se o décimo sexto centenário da morte, João Paulo II escreve a carta apostólica *Operosam diem* (A jornada laboriosa), dirigida ao cardeal Martini. Foi o próprio cardeal a pedir ao papa que proclamasse um ano santo "ambrosiano" e escrevesse uma carta à diocese. O papa cita uma passagem do *De fide* de Ambrósio, em seguida retomada pelos concílios de Éfeso (431) e Calcedônia (451):

> "Conservemos a distinção entre a natureza divina e a carne! Em ambas fala o único Filho de Deus, pois ele possui uma e outra natureza; embora seja sempre o mesmo a falar, não fala sempre de uma só maneira. Observemos nele, ora a glória de Deus, ora as paixões do homem. Enquanto Deus, diz as coisas que são de Deus, pois é Verbo; enquanto homem, diz as coisas que são do homem, pois fala mediante minha mesma substância".

Durante as congregações que precederam o conclave de 2013, o cardeal Bergoglio [papa Francisco] tomou a palavra para uma breve intervenção e citou uma metáfora de Ambrósio, afirmando que a Igreja, quando é autorreferencial e imagina ter luz própria, deixa de representar o *mysterium lunae* (mistério da lua). Ambrósio tinha escrito: "Verdadeiramente a Igreja é como a lua: ela não tem luz própria; ela brilha com a luz de Cristo".

2.8. Agostinho de Hipona

Agostinho estimava muito Ambrósio. Teve a possibilidade de admirar seu estilo de vida e ouvir sua pregação quando chegou a Milão em 384 para permanecer ali até 387. No Ocidente é o mais conhecido dentre os padres da Igreja que foram proclamados doutores e dele possuímos muito mais informações, se nós o compararmos com os antigos autores latinos, quer porque ele mesmo nos fornece diversos dados, quer porque foi estudado desde o final da época antiga.

Aurélio Agostinho nasce em Tagaste, na Numídia (atual Argélia), no dia 13 de novembro de 354, filho de pai pagão, Patrício, e de Mônica, cristã, a qual procura encaminhar seus três filhos para a fé da Igreja. Agostinho, quando jovem, inscreve-se como catecúmeno, mas não tem pressa em ser batizado. Por sugestão do pai, depois dos primeiros estudos em sua cidade, transfere-se para Madaura e depois para Cartago, onde segue os cursos de retórica e de direito. Em 372 nasce-lhe um filho, Adeodato, fruto de sua relação com uma jovem cujo nome nunca se soube. Esta relação, que durará até os anos que ele passa em Milão, foi sempre contestada por Mônica. Em 386, Agostinho voltará para a África, sem que saibamos o motivo. O amor de Agostinho pela jovem mãe de Adeodato foi sempre pintado com cores sombrias, tornando-se o emblema da ausência da graça antes de sua conversão à fé cristã; o próprio Agostinho chega a definir Adeodado como "filho do meu pecado".

Em 373, a leitura do *Hortênsio* de Cícero durante os estudos de retórica inspira Agostinho a se fazer as perguntas essenciais da vida e a decidir dedicar-se à filosofia. Sua pesquisa racional não lhe permite aceitar a devoção cristã da mãe e, de modo geral, a visão da Igreja tradicional, a ponto de optar por frequentar os ambientes maniqueus. O maniqueísmo toma o nome de Mani, pregador iraniano do século III, e se difunde através da Síria, tanto na direção do Oriente quanto dentro do império romano, graças ao zelo missionário de muitos adeptos. No século IV, os centros principais são Babilônia e Samarcanda. Mani afirmava ter recebido uma revelação divina que o tinha constituído apóstolo e misturava elementos cristãos, muitas vezes de caráter gnóstico, com elementos cosmológicos zoroastrianos. Muitos maniqueus se diziam membros de uma Igreja autônoma, com hierarquia própria, considerada herética pela Igreja oficial. Agostinho se sente atraído pelo ar de liberdade quanto aos dogmas e às estruturas eclesiais que se respira entre os maniqueus, e também pela paixão que partilha com eles quanto às ciências naturais; em Cartago, frequenta seus círculos e lê suas obras.

Terminados os estudos, volta para Tagaste por breve período, onde se sai bem como professor, a ponto de decidir transferir-se para Cartago em 375, a fim de se dedicar ao magistério numa cidade mais importante. Começam a despontar em sua mente dúvidas a respeito do maniqueísmo. Sente-se decepcionado num confronto com Fausto de Milevi, considerado o bispo mais preparado da Igreja maniqueia, o qual, na realidade, era ignorante de astronomia e até de matemática. Entretanto, cresce de tal modo a fama de Agostinho como professor e orador que o leva a tentar continuar sua carreira em Roma em 383, vencendo a resistência da mãe. Na capital, mantém alguns contatos com os maniqueus; precisamente por meio deles obtém uma cátedra estatal de retórica em Milão. Por outro lado, se é verdade que tinha apreciado a vivacidade intelectual dos estudantes de Roma, lamentavelmente, depois de um ano em Milão, ainda não tinha recebido seu estipêndio.

Também em Milão Agostinho brilha pela sua preparação e pelas suas qualidades de oratória; com pouco mais de 30 anos está no topo de uma prestigiosa carreira. Nesse período cresce nele uma profunda crise interior, junto com um senso de frustração e infelicidade, como haverá de referir no conhecido texto autobiográfico e filosófico *As confissões*, escrito entre 397 e 400. Decisiva é sua virada filosófica: tem a oportunidade de conhecer as obras de Platão e de Plotino, dado que em Milão podem-se encontrar seus textos traduzidos para o latim. O neoplatonismo se torna sua filosofia e os encontros com Simpliciano, mestre de Ambrósio, fazem-lhe compreender a compatibilidade entre filosofia e fé cristã, que ele não tinha encontrado no maniqueísmo.

Estamos em 386 e à sua conversão filosófica segue a conversão cristã que, como ele mesmo narra, liga-se a um episódio singular. Ele ouve uma criança que, numa cantilena infantil, repete sem parar: *tolle et lege* (toma e lê). Agostinho abre o livro das cartas do apóstolo Paulo e nelas lê um versículo:

> "Comportemo-nos honestamente, como em pleno dia: nada de glutonerias e bebedeiras; nada de orgias e obscenidades; nada de discórdias e ciúmes. Pelo contrário, revesti-vos do Senhor Jesus Cristo e não atendais à carne com seus desejos" (Rm 13,13).

No mesmo instante, Agostinho sente que sua visão da vida mudou. Em pouco tempo se organiza para se estabelecer fora da cidade, na propriedade de um amigo em Cassiciacum (hoje Casciago?). Abandona o magistério e a vida pública; por alguns meses vive com a mãe Mônica, o filho Adeodato, alguns amigos e discípulos, e já não convive com a companheira.

Na Páscoa de 387 recebe o batismo junto com o filho. Celebrante é Ambrósio, de quem aprecia o exemplo de vida e a pregação. Agostinho sente-se motivado a se aproximar do Antigo Testamento, cuja inspiração era negada pelos maniqueus e que Ambrósio interpreta em chave alegórica. No mesmo ano decide voltar para Tagaste, mas em Óstia falece a mãe e ele ficará em Roma por um ano, servindo-se das bibliotecas da cidade para continuar suas pesquisas filosóficas. Voltando para a casa da família, vive ali com alguns amigos, dedicando-se, como em Cassiciacum, aos "ócios" filosóficos e à oração. Aqui deve enfrentar a grande tragédia da morte de Adeodato, que se vai com aproximadamente 17 anos.

Agostinho é apreciado pela sua cultura e santidade, apesar de sua vida reservada. Em 391, enquanto se encontra na catedral de Hipona, a pedido dos presentes, é consagrado presbítero pelo bispo Valério, apesar de sua resistência. A partir de então, reside em Hipona, onde tem a autorização do bispo para viver com seus discípulos, para os quais escreverá uma regra. Em 395 torna-se bispo auxiliar; no ano seguinte, sucede a Valério e guiará a diocese até a morte, que ocorre no dia 28 de agosto de 430, enquanto a cidade é assediada pelos Vândalos. Segundo a tradição, o bispo Fulgêncio de Ruspe, exilado na Sardenha em 504 pelo rei dos Vândalos, Trasamundo, levou consigo os restos mortais de Agostinho e os sepultou em Cagliari. Em 722, o rei dos Longobardos, Liutprando, para tornar famosa sua capital, transladou-os para Pavia, na basílica de São Pedro "in Ciel d'Oro", onde repousam até hoje. Bento XVI visitou o túmulo de Agostinho e dedicou-lhe várias catequeses. Muitos papas consagraram documentos a Agostinho; João Paulo II escreveu a carta apostólica *Augustinum Hipponenesem*, no décimo sexto centenário de sua conversão.

As obras de Agostinho são muito numerosas; seu biógrafo Possídio escreve que dificilmente um estudioso poderia lê-las todas e conhecer integralmente seu pensamento. Poucos anos antes da morte, Agostinho publica um texto em que apresenta suas obras principais, revendo-as em alguns pontos, dada a evolução de sua teologia: *As retratações.* Assim, é o próprio Agostinho que fornece a chave de leitura aos pósteros. Tentemos entrever alguns aspectos de seu pensamento, indicando sinteticamente alguma de suas obras e as principais disputas teológicas.

Alguns decênios após Hilário de Poitiers, Agostinho publica um texto sobre a Trindade, depois de longa gestação: "Os livros sobre a Trindade eu os comecei quando era jovem e publiquei quando já era velho". A redação definitiva remonta a 420. Resume a teologia latina e a faz dar um passo à frente, tanto que os autores que vierem depois dele sempre se confrontarão com seu pensamento, e não somente no campo trinitário. Enriquece suas reflexões mediante o conhecimento da teologia grega, com a qual entra em contato, particularmente graças às traduções de Ambrósio. Como Hilário, encontra vestígios da Trindade na Bíblia, mas acrescenta um aspecto antropológico que ele descobre nas potências da alma: intelecto, vontade e memória, que correspondem ao Pai, ao Filho e ao Espírito Santo. Mas a afirmação mais conhecida desta obra é provavelmente a seguinte: "Em verdade, tu vês a Trindade, se vês o amor. Eis que são três: o Amante, o Amado e o Amor".

O primeiro saque de Roma induz Agostinho a uma reflexão sobre o sentido da história, que o leva à compilação de outra obra poderosa, *A cidade de Deus,* que é publicada em 426. Pela primeira vez a capital é submetida a ferro e fogo por três dias, depois de mais de mil e cem anos de história. O que acontece entre o dia 24 e 27 de agosto de 410 por parte dos Visigodos de Alarico, para dar-nos uma ideia, pode ser comparado com os atentados ao World Center de Nova York em 11 de setembro de 2001: trata-se de um sinal da futura queda do império romano do Ocidente, que ocorrerá em 476. O fato de o saque de Roma se dar poucos anos depois de o cristianismo se tornar religião de Estado leva alguns intelectuais pagãos a estabelecer um liame entre os dois acontecimentos: concluem que enquanto foram venerados os deuses da tradição, Roma estava protegida. Renovam-se, então, as acusações dirigidas aos cristãos na época das perseguições: não invocam os deuses, por isso atraem a sua ira. Em sua obra, Agostinho distingue a esfera da política e da fé, que se devem respeitar, não, porém, misturar, antecipando o princípio da laicidade do Estado. Infelizmente, neste ponto Agostinho não será seguido na Idade Média. Ele afirma que a história é guiada pela providência divina, mas nem todos concordam com seu plano, tanto é verdade que se verifica uma luta entre dois modos de interpretar a existência. O ponto de equilíbrio é o amor desinteressado; os seres humanos, de fato, estão divididos entre os que amam de tal modo os outros a ponto de se esquecerem de si mesmos e vice-versa.

Por outro lado, a Idade Média decidiu seguir o grande doutor na sua proposta cultural, expressa em particular na *Doutrina cristã.* Neste tratado, publicado em 427, Agostinho explica os fundamentos da exegese bíblica e também a contribuição do conhecimento dos clássicos, mostrando pleno apreço pela matemática, astronomia, história e sua amada filosofia. Também a retórica, disciplina que ele define como neutra, pode ser de grande utilidade para o cristão, se praticada com sabedoria. Seguindo Cícero, Agostinho recorda que os fins da eloquência são: ensinar, deleitar e conquistar; isto vale também para os evangelizadores, como nos demonstram, por exemplo, o apóstolo Paulo e Ambrósio de Milão. O influxo de Agostinho será decisivo nos séculos sucessivos para a transmissão da cultura cristã e da clássica. Cassiodoro, no século VI, seguindo o pensamento de Agostinho, criará o primeiro *scriptorium* para copiar os textos principais necessários para a formação integral dos monges do *Vivarium,* nas proximidades de Squillace, e seu exemplo será seguido pelos amanuenses beneditinos. Neste contexto referimos o que escreve João Paulo II na encíclica *Fides et ratio*: "O bispo de Hipona conseguiu produzir a primeira grande síntese do pensamento filosófico e teológico, na qual confluíam correntes de pensamento grego e latino".

Para favorecer os que tinham dificuldades em compreender suas grandes obras, Agostinho publica alguns textos acessíveis de explicação da Bíblia, como o maravilhoso comentário à *Primeira Carta do apóstolo João* e o do *Livro dos Salmos.* Encontramos também um opúsculo intitulado *A catequese dos simples,* no qual oferece preciosas sugestões a quem deve ensinar os rudimentos da fé cristã. Os conselhos de Agostinho são ainda válidos, como os que partem da constatação de que o ensino se revela ineficaz quando gera tédio, e a causa do tédio é particularmente a falta de alegria por parte do mestre. Esta consideração parece estar na base do estilo do papa Francisco, que ao documento programático do seu pontificado deu o título de *Evangelii gaudium*: a alegria do Evangelho. No texto de Agostinho encontramos um dos princípios fundamentais da exegese patrística: "No Antigo Testamento está escondido o Novo e no Novo se manifesta o Antigo".

Voltemos às *Confissões:* o título significa, tanto a admissão de suas culpas quanto o louvor a Deus. A obra autobiográfica compreende muitas páginas imortais, que narram a misericórdia de Deus. Citemos algumas frases:

> "Tarde te amei, beleza sempre antiga e sempre nova, tarde te amei. Tu estavas dentro de mim e eu estava fora. Ali eu te procurava. Disforme, eu me atirava sobre as belas formas das tuas criaturas. Tu estavas comigo, mas eu não estava contigo. Mantinham-me longe de ti as tuas criaturas, inexistentes se não existissem em ti. Tu me chamaste, e o teu grito rompeu a minha surdez; brilhaste, e teu esplendor dissipou minha cegueira; difundiste tua fragrância, e eu respirei e anseio por ti, saboreei e tenho fome e sede de ti; tu me tocaste, e eu ardi do desejo de tua paz".

Nos últimos capítulos, ele se ocupa do tema ou problema do tempo, o qual existe porque há um criador e, portanto, é absurdo falar do tempo antes da criação. O tempo, no fundo, reside na alma do homem, que pode se tornar um segundo criador.

Consideremos, finalmente, as disputas teológicas que o bispo de Hipona foi obrigado a enfrentar, tanto como pastor quanto como teólogo, mediante intervenções públicas e escritos. A primeira é contra o maniqueísmo, ao qual antes tinha aderido. Na realidade, ele ainda não é bispo quando começa a debater com o presbítero maniqueu Fortunato em 392, mas o ápice da disputa acontece em 404, no confronto com o presbítero maniqueu Félix. Agostinho publica todos os atos dessas controvérsias, dos quais, como de outros textos dedicados a isto, podemos extrair suas posições. Antes de tudo, o mal em si não existe, mas é uma ausência do bem, ao passo que os maniqueus afirmam a existência de duas forças iguais e contrárias: o bem e o mal. Depois, eles estabelecem um contraste entre os dois Testamentos, não crendo na bondade do Deus do Antigo Testamento. Pelo contrário, para Agostinho há plena continuidade entre as duas partes da Bíblia que narram o plano salvífico do próprio Deus. Finalmente, Agostinho chama atenção para contradições que ele mesmo tinha encontrado no sistema de pensamento maniqueu.

Por trás do donatismo, doutrina que nega a validade dos sacramentos administrados por ministros em estado de pecado, esconde-se a vontade de algumas comunidades da África setentrional de se tornarem autônomas em relação à hierarquia em comunhão com Roma, para constituir uma Igreja com mais acentuada identidade local. Agostinho esclarece tanto a problemática sacramental quanto a eclesiológica. Desde os primeiros anos do século, ele publica textos sobre esses temas. Defende que os sacramentos são válidos porque é Cristo que age mediante as ações litúrgicas, tanto que se pode afirmar que se Pedro batiza, é Cristo que batiza; se Paulo batiza, é Cristo que batiza; se Judas batiza, é Cristo que batiza. Como bispo, porém, preocupa-se mais pelo estilo de vida dos presbíteros, a ponto de exigir que vivam com ele uma vida comunitária na pobreza. Condena a tentativa cismática dos donatistas que pretendem constituir uma Igreja de santos, onde ninguém é pecador. Ele considera a Igreja um corpo misto, no qual coexistem santidade e pecado; será no fim da história que os anjos separarão os peixes bons dos maus. Uma disputa pública acontece em 411, quando se enfrentam os bispos das duas partes. Segundo a tradição, a vitória dos bispos da Igreja oficial contra os bispos donatistas acontece na contagem final dos votos: duzentos e oitenta e seis votos contra duzentos e oitenta cinco. No ano seguinte, o imperador Honório expropria os donatistas de seus bens e os manda para o exílio. Mais tarde, Agostinho se arrependerá de não ter intercedido para evitar uma condenação tão pesada por parte das autoridades estatais.

A última disputa de que nos ocupamos é a que se deu com os pelagianos. Omitimos a que manteve com os arianos, pois coincide com a de outros bispos da Grande Igreja. Morgan, que em céltico significa Marino, chegando a Roma provindo da Bretanha cerca de 385, latiniza seu nome para Pelágio. Alcança uma boa preparação bíblica e teológica e tem ótima eloquência. Começa a pregar na capital, conquista considerável número de seguidores, dadas as sugestões de sua proposta de uma Igreja espiritual, cujos fiéis devem ser conscientes do significado de definir-se cristãos e sentir-se comprometidos, renunciando às riquezas e possivelmente ao matrimônio. Por exemplo, afirma Pelágio, se Cristo disse: "É mais fácil um camelo passar pelo fundo de uma agulha do que um rico entrar no reino dos céus" (Mt 19,24), por que devemos interpretar um texto tão claro, imaginando que tenha um significado alegórico? A alegoria, ele continua, é uma figura exegética que se aplica ao Antigo Testamento, não ao Novo. O monge escreve:

> "Tu dirás que aqui o camelo é um tipo particular de corda usado pelos marinheiros! Ó sutileza realmente excessiva e insuportável da avidez humana! Contanto que não seja obrigada a reduzir a superabundância dos bens deste mundo que possui, chega até a preocupar-se com o nome das cordas".

Pelágio contesta também a interpretação de Hilário de Poitiers e de Ambrósio de Milão, que veem no camelo uma alusão aos povos pagãos. Sabemos que Agostinho sustenta que a Igreja é um corpo misto, mas efetivamente numa carta admite que a convivência com certos peixes, que ele define malcheirosos, é particularmente difícil, e alude aos ricos, que pretendem garantir-se lugares privilegiados graças a seu patrimônio.

O cerne da disputa com os pelagianos é a questão da graça. O monge britânico está convencido de que o ser humano é livre e que deve decidir-se por um comportamento de vida realmente cristã. É uma vida bem vivida que merece o acréscimo da graça divina e, portanto, não são os sacramentos a transmiti-la. Do ponto de vista moral, a visão pelagiana parece aceitável, mas, particularmente depois de ter ouvido Celéstio, discípulo de Pelágio que chegou a Cartago após o saque de Roma, Agostinho nota o perigo de crer que o homem se salve pelos próprios méritos, o que iria contra a mensagem bíblica e até esvaziaria o valor da cruz de Cristo. A isto se une a necessidade da libertação do pecado original, que atinge toda a *massa damnata* da humanidade, a menos que não receba a graça de Deus, dom reservado a quem misteriosamente Deus determinou concedê-la. Para Agostinho é verdade que a graça se torna eficaz através da adesão do ser humano, mas esta adesão não garante por si mesma a salvação, que continua sendo um dom de Deus.

Inicia-se, então, uma controvérsia complexa que vê intervenções inclusive contraditórias dos bispos de Roma, Inocêncio e Zózimo. Inocêncio excomunga

Pelágio e Celéstio no início de 417; comentando este ato, Agostinho pronuncia a frase proverbial: *Roma locuta, causa finita* (Roma falou, está encerrada a discussão). Zózimo, ocupando o trono de Pedro alguns meses depois, reabilita Pelágio, que se transfere para a Palestina, onde goza do apoio de muitos bispos; mas em 418 o papa o excomunga definitivamente. Agostinho será definido *doctor gratiae* (doutor da graça) depois desta disputa.

Um ponto crítico de seu pensamento é o da predestinação, que limita pesadamente a liberdade humana, junto com a negação da salvação universal que, pelo contrário, Cristo manifesta querer que seja de todos os seres humanos. Nisto Agostinho influenciará o pensamento de muitos teólogos no curso da história, entre os quais frequentemente são apontados expoentes de Igrejas da Reforma protestante e do jansenismo. Muitos cristãos encontraram e encontram dificuldade em aceitar o conceito da predestinação, porque atinge um ponto identitário do ser humano: a liberdade. Outro ponto crítico é o da transmissão do pecado original através da geração, dado que o ato sexual é marcado pela concupiscência, embora não como responsabilidade de cada um. A isto se junta também a adesão de Agostinho ao traducianismo, não atribuindo, porém, à alma uma corporeidade.

O papa Francisco, analogamente ao neognosticismo, condenou o neopelagianismo, recordando que, na antiguidade, o poder que os gnósticos tinham atribuído ao intelecto será depois atribuído à vontade pelos pelagianos. Para o papa, os neopelagianos são os que estão convencidos de se salvarem pelas próprias forças, que se comprazem com suas boas obras e correm o risco de transformar a Igreja numa ONG. Acenou ao perigo do neodonatismo, quando a Igreja se baseia em prescrições humanas, descuidando a dimensão espiritual e o espírito penitencial. Afirmou-o a propósito do modo como se enfrenta o fenômeno dos abusos de menores praticado por membros do clero.

Para encerrar, uma última citação, extraída do Comentário à *Primeira Carta de João*: "João imediatamente relacionou a fé com o amor, porque sem o amor a fé é vã".

2.9. Jerônimo, o Dálmata

Os doutores da Igreja que encontramos até aqui são todos bispos. Agora teremos pela frente um presbítero e depois um diácono. Na iconografia medieval, tanto na pintura quanto na escultura, é interessante observar o chapéu de Jerônimo. Único dos quatro doutores latinos a não ser bispo, menos ainda papa, não pode ostentar uma mitra, deve contentar-se com um anacrônico chapéu de cardeal, ou então aparece seminu e de cabeça descoberta, para indicar sua vida eremítica e, graças ao poderoso contraste, parece recordar aos outros três as exigências evangélicas. Quando aparece sozinho, é representado como eremita ou como escritor, para recordar particularmente sua obra de tradutor da Bíblia; às vezes, as duas iconografias se confundem.

Muitos recordam a representação de Jerônimo escritor pintada por Caravaggio, exposta na Galeria Borghese de Roma: realizada em torno de 1605, representa-o sentado à escrivaninha, entregue a traduzir as Sagradas Escrituras, encurvado sobre elas; veste somente com um manto vermelho que lhe cobre o ombro esquerdo, deixando livres o braço e a mão direita.

Caravaggio nos deixou outras duas telas que representam o Dálmata, respectivamente como escritor e como penitente. A primeira remonta ao período da anterior e se conserva em Monserrat. A face do doutor tem os mesmos traços da tela da Galeria Borghese e seu corpo emagrecido está despido até a cintura, abaixo da qual aparece o manto vermelho e a roupa branca. Não há livros, mas sobre a mesa está uma caveira, em parte na sombra, a mão esquerda de Jerônimo e seu cotovelo direito. Com a mão direita acaricia sua barba branca, atitude que, somada à inclinação do rosto, aos olhos baixos e à testa franzida, indica fadiga, mas também concentração. Uma sutil e quase imperceptível auréola é visível em torno da cabeça de quem, graças à atitude humilde e penitente, conquistou a santidade. A segunda tela foi pintada em 1608 e se conserva na catedral de La Valetta, em Malta. Jerônimo está sentado à mesa, mas o manto e a roupa o deixam nu até a cintura, menos o antebraço esquerdo. Está escrevendo sobre o único livro que aparece na mesa, além de uma caveira caída de lado e uma vela apagada. São todos sinais de decadência, como o modesto chapéu cardinalício dependurado na parede.

Demoramo-nos em ilustrar a iconografia deste doutor da Igreja para antecipar os traços de sua vida e de sua obra. Jerônimo nasce em Estridão, na Dalmácia, em 347 ou 348; desde menino mostra suas principais inclinações pela cultura clássica e pela vida eremítica. Nas proximidades de Parenzo, na atual Croácia, uma gruta recorda ainda hoje a permanência solitária do adolescente Jerônimo. Em 360 vai a Roma, onde estuda gramática e retórica, adquirindo um ótimo domínio da língua latina. Em 367 recebe o batismo e vai para Tréveris, provavelmente em busca de trabalho no aparato estatal, onde conhece uma das primeiras experiências monásticas ocidentais, nascida alguns anos antes graças à contribuição de Atanásio, que então estava ali exilado. Transfere-se para Aquileia, onde por cerca de três anos leva vida monástica junto com Rufino, que fora seu colega de estudos em Roma. Passa os anos 370 no Oriente: aprende o grego em Antioquia e o hebraico em Alepo, onde passa alguns anos de vida eremítica, fascinado pelos monges siríacos. Ganha, então, o apelido de *vir trilinguis,* homem das três línguas, latim, grego e hebraico. Passa um tempo também em Constantinopla, onde se encontrará por ocasião do concílio de 381, e põe-se à escola de Gregógio de Nazianzo (que ele define como seu mestre na interpretação das Sagradas Escrituras), de Gregório de

Nissa e Anfilóquio de Icônio, também este eminente teólogo e primo de Gregório de Nazianzo.

Em 382 está em Roma, onde encontra hospitalidade por parte das viúvas Paula e Marcela, que vivem uma espécie de monaquismo doméstico, como a mãe de João Crisóstomo, Antusa, e antes ainda, a avó e a irmã de Basílio de Cesareia, ambas de nome Macrina. Na colina do Aventino, em Roma, abre um lugar de oração e de estudo bíblico para mulheres, em geral da aristocracia. Elas aprendem o hebraico e rezam os salmos nesta língua, sob a guia de Jerônimo, que nesse meio tempo se tornou secretário do bispo Dâmaso [papa], que por sua vez desempenha o papel de mecenas. Este o encarrega de rever a tradução latina das Sagradas Escrituras, a partir do texto dos *Setenta*.

Em 384, Jerônimo atravessa uma profunda crise interior: à diferença de Ambrósio, ele se sente dividido entre seu amor pelos clássicos latinos e gregos e as exigências ascéticas. Numa carta dirigida a Eustóquio, filha de Paula, narra sua dramática divisão interior. Embora tenha renunciado a tudo para levar uma vida ascética, não consegue deixar de ler Plauto e outros autores pagãos, e se dá conta de estar no erro. Por um lado, jejua e faz penitência, por outro, sente prazer nas leituras profanas. Jerônimo narra ter contraído uma enfermidade inexplicável, que o levou a não conseguir sair da cama; inclusive já se pensava nos funerais. Durante o sono, ele está seguro de ter tido uma visão: encontrava-se diante do Juiz do universo e se atirara ao chão. Interrogado quanto à sua identidade, respondeu: "Sou cristão". O Juiz respondeu: "Tu mentes! Tu és ciceroniano, não cristão". Incapaz de se justificar, Jerônimo estava transtornado, mas o pior sofrimento era o que ele provou na consciência. Neste ponto, implorou ao Juiz que o poupasse: "Senhor, se daqui para frente eu conservar textos profanos, se eu os ler, significará que eu te reneguei". Em seguida, acordou em lágrimas, mas curado, para espanto dos presentes. A partir de então, conforme escreve, multiplicou o zelo pelas Sagradas Escrituras, muito mais do que o zelo que ele tinha pelos clássicos.

No fim de 384, Dâmaso morre e Jerônimo está entre os candidatos à sua sucessão, mas é eleito Sirício, e o Dálmata cai em desgraça, também por causa do seu temperamento inclinado à polêmica. No ano seguinte, decide partir de novo para o Oriente, onde permanecerá até o fim de seus dias. Seguem-no Paula, Eustóquio e outras mulheres de Roma. Depois de uma etapa em Jerusalém, o grupo se desloca para o Egito, a fim de conhecer as "mães" e os padres da Igreja do deserto. Jerônimo tem a oportunidade de frequentar Dídimo, o Cego, grande conhecedor de Orígenes, de quem Jerônimo se torna grande apreciador, como já o tinham sido os Capadócios e Ambrósio. Em 386 se estabelece definitivamente em Belém, que se torna sua cidade de adoção. No lugar onde a Sagrada Família não tinha sido acolhida, Jerônimo quer que os peregrinos encontrem lugares de refúgio, de descanso e também de acompanhamento espiritual. Funda uma comunidade feminina e uma masculina, que levam vida ascética e se dedicam à acolhida de quem visita o lugar do nascimento de Jesus, onde surge uma basílica constantiniana. Por baixo do edifício se conserva a gruta da natividade, bem como outras grutas, entre as quais a intitulada a Jerônimo, porque ali ele passou mais de trinta anos, em espírito penitencial, rezando, traduzindo as Sagradas Escrituras e comentando-as.

Seu espírito polêmico provoca vários desencontros no mundo eclesial. Por carta, critica Ambrósio, acusando-o de plágio por ter utilizado em suas obras escritos de Orígenes e de Dídimo, diríamos hoje, sem *copyright*. Ao passo que recebe crítica injusta por parte de Agostinho de Hipona, antes de ser bispo, a propósito das traduções da Bíblia hebraica: ele quereria que Jerônimo traduzisse os textos do grego e não do original hebraico, para evitar discordâncias entre as comunidades de língua latina e as de língua grega. Luta contra os pelagianos, que põem fogo em seu mosteiro, conseguindo safar-se por pouco do incêndio.

A disputa mais acesa é a ligada ao origenismo. Apesar de Orígenes ter desaparecido havia mais de século e meio, ele está muito presente, graças a seus escritos, às suas traduções, aos que o estimam e a seus detratores. O principal incidente está ligado a uma homilia de Epifânio de Salamina, considerado um grande caçador de hereges. Ele é convidado a Jerusalém pelo bispo João para pregar na basílica da *Anástase* na Páscoa de 393, para condenar os erros de Orígenes e de seus seguidores daquela época, mas os excessos de Epifânio obrigam o bispo a distanciar-se dele. Cria-se uma grande polêmica que vê, de um lado, Jerônimo, amigo e apoiador de Epifânio, e de outro, Rufino, amigo e apoiador de João que, paralelamente ao Dálmata, se transferiu para o Oriente e vive como monge no Monte das Oliveiras.

Entre Jerônimo e Rufino surge uma controvérsia muito acesa, na qual o primeiro toma distâncias de Orígenes, que na realidade sempre tinha apreciado. Jerônimo critica Rufino também por não ter traduzido corretamente para o latim *Os princípios* de Orígenes. Por sua vez, Rufino acusa Jerônimo de incoerência, pois, depois de ter revelado o sonho do seu juízo e seu empenho em não ler livros pagãos, na realidade, em Belém dispõe de uma biblioteca bem fornecida desses textos, que ele consulta habitualmente e cita em suas obras. O Dálmata rebate que as promessas expressas em sonhos não são vinculantes!

Jerônimo ficou famoso graças à sua obra de tradução do Antigo Testamento dos textos originais para o latim, tradução conhecida como *Vulgata*, que foi a versão oficial da Igreja Católica até a revisão realizada em 1979 e definida *Neovulgata*. Deixou-nos numerosas obras, entre as quais um riquíssimo epistolário e os comentários bíblicos, nos quais transparece seu amor pela Palavra de Deus. "Ignorar as Escrituras – afirma – é ignorar Cristo". Este princípio se tornou uma grande herança em todo o mundo latino e está na base do documento do Vaticano II sobre a Bíblia: *Dei Verbum*. Ele escreve ao monge Rústico:

> "Conserva sempre entre as mãos e sob os olhos a Bíblia; aprende o Saltério palavra por palavra; reza sem cessar; teu espírito seja vigilante e não aberto aos pensamentos da vaidade; corpo e alma sejam ambos sempre orientados para o Senhor".

Publica também a primeira resenha de autores cristãos, *Os homens ilustres* (393), elencando centro e trinta e cinco escritores, desde o apóstolo Pedro até si mesmo, para demonstrar que a literatura cristã não é inferior à pagã, como andaram afirmando Celso, Porfírio e Juliano, o Apóstata, «cães raivosos contra Cristo», e seus sequazes, que creem que a Igreja não teve "nenhum filósofo, nenhum orador, nenhum doutor"!

Jerônimo morre na sua gruta, em Belém, no dia 30 de setembro de 420. Seus ossos são conservados sob o altar papal da basílica de Santa Maria Maior, em Roma. No décimo sexto centenário da morte, o papa Francisco lhe dedicou uma carta apostólica *Scripturae Sacrae Affectus* (O afeto pela Sagrada Escritura), na qual escreve que "Jerônimo é a Biblioteca de Cristo, uma biblioteca perene que, dezesseis séculos depois, ainda continua a ensinar-nos o que significa o amor de Cristo, amor que é indissociável do encontro com sua Palavra".

2.10. Efrém, o Sírio

Várias vezes foi citado por Juliano, o Apóstata. Este, após um reinado efetivo de vinte meses, morre durante a campanha militar contra os sassânidas, conduzida para alargar os confins do império e, por causa da derrota, Roma perde uma significativa porção de território. É o verão de 363 e muitos cristãos residentes em Nísibe, um dos principais centros cedidos aos persas no tratado de paz, decidem migrar para Edessa, a fim de reentrar no império romano e poder continuar sua vida de fé. Entre estes, está Efrém, nascido em 306 na região de Nísibe. Crescido numa família cristã, forma-se na escola teológica da cidade e, após transcorrer um tempo no cárcere por um crime não cometido, torna-se monge entre os assim ditos "filhos do pacto". Continua a estudar, a lecionar e também a compor e tocar música litúrgica. Colabora estreitamente com o bispo Tiago, que tinha participado do concílio de Niceia. Conta-se que tenha ido a Cesareia para encontrar-se com Basílio, que o acolheu com grande honra. Os dois se entretiveram vários dias em conversações teológicas e talvez tenha sido nesse encontro que ocorreu a ordenação diaconal de Efrém. A tradição chega a afirmar que ele voltou para casa depois de aprender milagrosamente o grego no encontro com Basílio.

Passa os últimos decênios de sua vida em Edessa, animado centro intelectual, para onde transfere a escola de teologia da qual é o principal expoente. Dentre os autores exímios anteriores a ele podemos recordar Bardesanes (154-222) e Afraates (270-346+-). Sobrevindo uma carestia, Efrém organiza os socorros e com sua pregação suscita entre os que têm mais meios de vida a disponibilidade a ajudar materialmente os que sofrem, repreendendo asperamente os que esconderam o trigo que devia tornar-se pão para os famintos. Morre no dia 9 de junho de 373.

Escreve obras, tanto em prosa quanto em poesia. Os textos mais conhecidos são os poéticos, subdivididos em *mâdraše* e *mêmre* respectivamente, hinos destinados ao canto litúrgico e homilias em versos destinados à recitação. Dele escreveu Jerônimo, o Dálmata: "Alcançou tal prestígio que em certas igrejas, após a leitura da Bíblia, liam-se publicamente suas obras". Citamos alguns versos para termos uma pequena ideia do estilo e do conteúdo referentes, neste caso, à Eucaristia: "Em teu pão se esconde o Espírito, que não pode ser consumado; em teu vinho está o fogo, que não se pode beber".

Para Efrém, a revelação divina acontece mediante três livros: a natureza, o Antigo e o Novo Testamento. A Igreja tem a honra e o dever de ler estes três livros ou tocar estas três harpas. Os seres humanos devem ser gratos à condescendência divina, porque Deus aceitou dar-se a conhecer de modo imperfeito, vindo ao encontro de nossa pequenez. A humildade de Deus é tal que suporta que se atribuam a ele características e atitudes antropomórficas antes da encarnação, escrevendo a propósito de seus olhos, ouvidos e vozes, que evidentemente são inexistentes.

Para Efrém, a dinâmica da revelação pode ser comparada à do adestrador de papagaios. Para fazer com que essas aves emitam sons humanos, o adestrador se esconde atrás de um espelho e fala; assim, o papagaio, vendo na imagem refletida uma ave semelhante a si, acaba imitando a voz. Da mesma forma, Deus se esconde na narração das Sagradas Escrituras e se comunica com os seres humanos com uma linguagem que não é sua. Por isso, não devemos crer que Deus possa ter ira, vingar-se, sentir ciúme, ressentimento, embora esses sentimentos estejam descritos na Bíblia. Nem as palavras das Escrituras podem ser atribuídas a Deus, porque seu modo de se exprimir é o silêncio, a língua com que, desde toda a eternidade, se comunicam o Pai e o Filho, e que nem os seres vigilantes, isto é, os anjos, estão em condição de interpretar. Isto não impede que nós estudemos e conheçamos a Bíblia, mas não devemos parar no significado literal. Efrém escreve: "Entre todas as medidas, o amor me instruiu quanto à medida do falar, ao passo que a razão me deu instruções quanto à medida do silêncio".

A escola siríaca ocupa posição original em relação às escolas de Alexandria e de Antioquia, sendo ancorada na tradição semítica e na Bíblia, sem mediações filosóficas, como ao contrário ocorre no mundo grego. Não desenvolve uma teologia preocupada com os conceitos e os termos filosóficos, de modo que não encontramos nela as disputas que nos mesmos anos envolvem os autores da área grega. A exegese bíblica é realizada sem contribuições filosóficas ou instrumentos literários, e dá relevo às imagens da natureza, sobre as quais se reflete somente depois de tê-las contemplado, pois elas mesmas fazem parte de um livro revelado.

O siríaco foi definido o terceiro pulmão da Igreja antiga, depois dos pulmões grego e latino, e no século passado sua teologia despertou muito interesse. Um dos estímulos para um maior conhecimento da escola siríaca teve origem na proclamação de Efrém como doutor da Igreja, graças a Bento XV, pontífice particularmente atento ao Oriente cristão; basta lembrar a fundação da Congregação para a Igreja Oriental e o Pontifício Instituto Oriental em 1917. A declaração doutoral foi enunciada na encíclica *Principi Apostolorum Petro* (A Pedro, príncipe dos apóstolos), na qual o papa recorda a estima de que Efrém gozou por parte de outros doutores, como Basílio, Crisóstomo e Jerônimo, na antiguidade; Francisco de Sales e Afonso de Ligório, na idade moderna. É amplamente citado também Gregório de Nissa, que deu a conhecer para o mundo grego, aliás, não somente a ele, as virtudes de Efrém. O mesmo pontífice tinha dedicado algumas semanas antes uma encíclica a Jerônimo, no décimo quinto centenário de seu nascimento: tratou-se de uma opção, «pois os dois gênios concordam em muitos pontos». Bento XV nota algumas semelhanças e define-os «dois luminosos candelabros», citando o Apocalipse e estando convencido de que Deus os tenha destinado a iluminar, um o Ocidente, outro o Oriente.

O pedido para a declaração de Efrém como doutor da Igreja chegou ao papa por uma carta conjunta dos patriarcas católicos orientais de Antioquia dos Sírios, de Antioquia dos Maronitas e de Babilônia dos Caldeus. Também alguns cardeais, bispos e abades de rito latino e grego enviaram a Bento XV um apelo análogo. O papa tomou sua decisão depois de mandar examinar a questão pela Congregação dos Ritos, responsável na época pelas canonizações dos santos. Até hoje, Efrém goza de alguns primados: é o primeiro doutor oriental não grego, o primeiro e único siríaco, o primeiro e único diácono. Os sírios o qualificam como "harpa do Espírito Santo e doutor do universo".

2.11. Leão Magno e Pedro Crisólogo

Leão Magno, bispo de Roma [papa] e Pedro Crisólogo, bispo de Ravena, são os últimos doutores do período áureo dos padres da Igreja. De Leão, todos recordamos a salvação de Roma diante das ameaças dos bárbaros. Trata-se de dois momentos diversos: em 452 e em 455. O primeiro fato tem como protagonista Átila, que penetra na Itália mirando Roma, e Leão, junto com uma delegação imperial, se encontra com o rei dos Hunos perto de Mântua, convencendo-o a não chegar até a cidade eterna. Parece que o supersticioso Átila se tenha assustado ao recordar a morte de Alarico, ocorrida inesperadamente na região de Cosenza, pouco depois do saque de Roma. A segunda circunstância está ligada a Genserico, rei dos Vândalos: Leão não consegue impedir o saque de Roma, que dura duas semanas, mas foram evitados massacres, incêndios e destruições.

Nos anos que precedem a queda de Roma já é evidente a ausência das instituições estatais e os bispos exercem um papel de suplência. Com Leão, o papado assume uma função preeminente na Igreja latina: não se trata somente de um primado moral, mas do vértice de uma organização sempre mais centralizada. Leão afirma que todos os batizados estão revestidos de um carisma régio e sacerdotal, e com base nesta dignidade, cria-se uma comunhão indissolúvel com Cristo e com o papa, que não deve ser exaltado pela sua pessoa, mas por ser sucessor de Pedro. Sua preparação cultural e teológica emerge em suas intervenções por ocasião das disputas cristológicas e nas relações conflituosas entre as Igrejas do Oriente.

Leão nasce em Volterra em torno de 390. Estuda em Roma, onde se torna diácono e colabora muito de perto com o papa Celestino I (422-432) e papa Sisto III (432-440). Cirilo de Alexandria e Nestório, durante sua controvérsia, se dirigem a Celestino I para dirimir a questão teológica da qual já falamos. O diácono Leão é citado no carteio, donde deduzimos sua função de perito em teologia. No final dos anos 420 encoraja João Cassiano, monge e teólogo estimado, tanto no Ocidente quanto no Oriente, a escrever um tratado contra Nestório, e sua carta se torna o prefácio da obra. Em 440, por morte de Sisto III, é aclamado seu sucessor e manterá o cargo de papa até a morte, ocorrida em 10 de novembro de 461. É o primeiro pontífice a ser sepultado na basílica de São Pedro.

Será Bento XIV a declará-lo doutor da Igreja em 1754, acertando as contas dos últimos padres da Igreja do período áureo, depois que em 1729 Bento XIII tinha concedido a mesma honra a Pedro Crisólogo. Na bula *Militantis Ecclesiae*, Bento XIV afirma que "um pontífice tão sábio não pode ser deixado para trás por fama ou por estima de nenhum dos santos doutores que floresceram na Igreja". A Leão, João XXIII dedicará a encíclica *Aeterni Dei Sapientia* (A Sabedoria de Deus eterno) em 1961, por ocasião do décimo quinto centenário da morte e pouco menos de um ano antes da abertura do Vaticano II. Precisamente pensando no concílio, o papa Roncalli [João XXIII] considera propício o convite à unidade, pela qual despendeu sua vida o grande doutor da Igreja, de quem pede a intercessão, num período histórico em que a Igreja se vê aflita como no século V.

Pedro Crisólogo nasce em Forum Cornelii, atual Ímola, provavelmente alguns anos antes de Leão. Depois dos estudos clássicos e jurídicos torna-se diácono; em 433 é nomeado bispo de Ravena. Morre em 2 de dezembro de 450. Uma tradição conta que Sisto III viu em sonho Santo Apolinário a lhe indicar que escolhesse Pedro para aquele encargo. O sobrenome *Crisólogo* (Palavra de ouro) relembra o de João Crisóstomo. De Pedro possuímos muitas homilias, centradas na explicação das Sagradas Escrituras, pontualmente atualizadas também nas questões teológicas da época, particularmente na controvérsia com Eutiques. Este monge de Constantinopla, que se pronuncia abertamente contra Nestório, mas que chega a afirmar que em Cristo a natureza divina prevalece sobre a humana, a ponto de cair no monofisismo (uma única natureza, isto é, a divina), escreve a Pedro, bispo da cidade sede do imperador do Ocidente, depois de ter sofrido a condenação por parte de um sínodo reunido na capital do Oriente em 448, solicitando seu apoio. Pedro responde querer manter-se de acordo com a linha do papa Leão, "por meio do qual o bem-aventurado Pedro continua a ensinar a verdade da fé aos que a buscam", e convida Eutiques a comportar-se da mesma forma.

Eutiques escreve diretamente a Leão, junto com o bispo de Constantinopla, Flaviano, e a Teodósio II, sobre quem exerce notável influxo, procurando em vão ser reabilitado. É de 13 de junho de 449 um dos textos teológicos leoninos mais conhecidos: o *Tomo a Flaviano* [também dito *Tomo de Leão*], uma das melhores contribuições cristológicas da antiguidade. O imperador convoca um concílio em Éfeso, que se inaugura no dia 8 de agosto e é presidido pelo bispo de Alexandria, Dióscoro, sucessor de Cirilo, aliás, de temperamento semelhante. Os delegados de Leão são minoria e o *Tomo* não é levado em consideração. A assembleia reabilita Eutiques e excomunga Flaviano e Leão. Apenas vem a saber do acontecido, o papa não reconhece a validade do concílio, define-o um latrocínio (termo que passará à história) e pede a convocação de um novo concílio, esperando que pudesse ser reunido em Roma.

Entre 449 e 450 morrem Flaviano e Teodósio II. O novo bispo, Anatólio, e o novo imperador, Marciano, aceitam o *Tomo* leonino graças ao trabalho diplomático de Abôndio, bispo de Como, enviado a Constantinopla por Leão. A controvérsia se acalma a ponto de o papa não considerar mais necessário reunir um novo concílio. Marciano é de outro parecer e convoca o concílio de Calcedônia, que Leão aceita, com a condição de que lhe seja reconhecida a presidência, exercida trâmite seus delegados. Pela primeira vez um bispo de Roma desempenha um papel de relevo num concílio ecumênico, e seu *Tomo* será inserido nos atos oficiais. A assembleia se reúne entre outubro e novembro. Eutiques é exilado e Dióscoro condenado e deposto, enquanto obviamente é anulada a excomunhão de Leão, e Flaviano é reabilitado na memória. A fórmula de fé assinada pelos padres conciliares está em continuidade com os concílios precedentes e usa o adjetivo *homoúsios* (consubstancial): o Filho é "consubstancial ao Pai pela divindade e consubstancial a nós pela humanidade". Deve ser reconhecido "em duas naturezas, sem confusão, imutáveis, indivisas, inseparáveis".

No *Tomo a Flaviano*, Leão exprime uma síntese exata da fé em Cristo, "verdadeiro homem e verdadeiro Deus", retomada em boa parte pela fórmula do concílio. Leiamos uma passagem:

> "Salvas as propriedades das duas naturezas, e estando reunidas numa só pessoa, a majestade assumiu a humildade; a força, a fraqueza; a eternidade, a mortalidade. Ele tomou a forma de servo sem a mancha do pecado, elevando o que era humano, sem rebaixar o que era divino. De fato, cada natureza conserva sem defeitos o que lhe é próprio. E assim como a natureza divina não suprime a de servo, também a natureza de servo não causa nenhum prejuízo à divina".

Leiamos também um texto de Pedro Crisólogo:

> "Cristo nasce para reintegrar com seu nascimento a natureza decaída. Aceita ser criança, quer ser nutrido para, através das diversas fases da idade, restaurar a única idade perfeita e duradoura. Sustenta o homem para que o homem não venha a cair. Torna celeste aquele que por ele foi criado como terreno. Faz viver do Espírito divino aquele que tinha somente uma alma humana. E assim o eleva por inteiro até Deus para que mais nada fique no homem de pecado, de morte, de sofrimentos, de dor, de terra".

Em Milão é celebrado um sínodo, sob a presidência de Abôndio, por conta de Leão, que ratifica os atos de Calcedônia para a Igreja do Ocidente. O concílio de Calcedônia é o quarto e último da Igreja antiga, no tempo em que Roma e Constantinopla ainda viviam na unidade; mas a separação entre Ocidente e Oriente, na prática, é um fenômeno irrefreável, que levará à ruptura formal entre as duas sedes em 1054. Um dos cânones de Calcedônia confirma a preeminência de Constantinopla sobre as Igrejas do Oriente: ela só é a segunda depois da sede da antiga Roma. Entretanto, depois do concílio, separam-se de Constantinopla a Igreja Síria e a Copta, pouco depois a Igreja Armênia. Os doutores da Grande Igreja consideram os quatro concílios como o alicerce da fé cristã autêntica, e seu número [quatro] é visto em analogia com o número dos quatro Evangelhos.

[illegible]

[illegible]

[illegible]

[illegible]

[illegible]

3
OS DOUTORES MEDIEVAIS

3.1. Os últimos padres da Igreja

Entre a morte de Leão Magno, último padre da Igreja declarado doutor no contexto da antiguidade, e o início da atividade literária de Gregório Magno, primeiro doutor medieval, transcorre pelo menos um século. Gregório faz parte do primeiro grupo de doutores da Idade Média, que ainda são padres da Igreja. O primeiro dos quatro é, portanto, Gregório, que partilha com Leão o apelativo de Magno e o fato de ser bispo de Roma [papa]. Até hoje são os únicos dois papas a serem proclamados doutores da Igreja. Também Gregório deve defender a cidade eterna, no seu caso, dos Longobardos. Mostra-se hábil diplomata no diálogo com os Estados e com as Igrejas e impulsiona a ação missionária em favor da Inglaterra.

Isidoro de Sevilha, que vive entre os séculos VI e VII, foi considerado por longo tempo o último padre da Igreja latina, mas já a partir do início de 1900 muitos estudiosos concordam em atribuir esta posição a Beda, o Venerável, que viveu um século depois dele. Dessa forma, reduz-se a distância na individuação do fim da idade patrística entre o Oriente e o Ocidente: de fato, o último padre da Igreja no mundo grego é ainda hoje considerado João Damasceno, coetâneo de Beda e desaparecido somente uns quinze anos depois dele. O que acomuna Isidoro e João Damasceno é o fato de ambos terem realizado uma síntese teológica e cultural da própria área linguística, transmitindo-a aos pósteros, em particular aos doutores da Baixa Idade Média, autores das *summae theologiae.* Mas também o Venerável Beda constitui um ponto de síntese, em termos de conhecimento ocidental em geral e não somente no campo teológico.

3.1.1. Gregório Magno

Gregório é o quarto dos grandes doutores latinos, declarado tal, como sabemos, na primeira rodada, e é o único doutor medieval proclamado durante a Idade

Média. Nasce em Roma aproximadamente em 540; após os estudos de retórica, ocupa cargos estatais e se torna prefeito. Em 573 abandona o prestigioso cargo, para retirar-se num mosteiro fundado por ele no monte Célio, ainda hoje existente. Pelágio II, depois de consagrá-lo diácono, nomeia-o apocrisário (hoje diríamos núncio apostólico) e o envia a Constantinopla, onde permanece alguns anos, junto com alguns monges de Roma que o acompanham. Para ele, esta é a oportunidade para aperfeiçoar o conhecimento da língua grega e de ter acesso ao texto original do Novo Testamento e às obras dos padres da Igreja.

Em seguida, o papa o chama de volta a Roma porque precisa de sua ajuda no relacionamento com alguns bispos do norte da Itália que não tinham aceitado algumas resoluções do segundo concílio de Constantinopla (553), que se reuniu após a condenação póstuma, por Justiniano, das obras de Teodoro de Mopsuéstia e de alguns escritos de Teodoreto de Ciro e Iba de Edessa, acusados de serem nestorianos. O edito imperial foi chamado "dos Três Capítulos", bem como o cisma que se seguiu; de fato, alguns bispos romperam a comunhão com Roma e Constantinopla. A questão seria resolvida somente durante o século seguinte.

Gregório se torna bispo de Roma em fevereiro de 590, enquanto a cidade é afligida pela peste e ameaçada pelos Longobardos. Uma lenda conta que, durante uma procissão convocada para pedir a Deus o fim da epidemia, o papa viu sobre a mole de Adriano o Arcanjo Miguel que recolocava a espada na bainha. Ainda hoje é visível sobre o Castel Sant'Angelo uma estátua de São Miguel, mandada colocar lá por Bento XIV na metade do século XVIII. A cidade sofre também uma grande enchente. Gregório solicita em vão a intervenção do imperador Maurício; deverá também enfrentar diversos problemas com as forças internas, reorganizando o abastecimento da cidade e esconjurando a invasão de Roma, pagando um pesado tributo ao rei longobardo Agilulfo.

Usa suas capacidades diplomáticas para mediar um acordo de paz entre os bizantinos e os Longobardos, que estão em luta no solo da Itália, procurando influenciar, mediante troca de cartas, a rainha Teodolinda, esposa de Agilulfo. O relacionamento entre Gregório e Teodolinda, que passou a professar a fé nicena (embora de matriz tricapitolina), revela-se determinante com vistas ao abandono do ariansimo por parte dos Longobardos. Nesta situação complicada desempenhará um papel importante também um monge irlandês, Columbano, coetâneo de Gregório, que a partir de 590 gira pelo continente europeu para envangelizá-lo, concluindo sua obra em Bobbio, onde morrerá em 615. Conforme recorda Bento XVI, Columbano, em torno do ano 600, escreveu uma carta a Gregório na qual usa pela primeira vez a expressão *totius Europae* (de toda a Europa), ao referir-se à presença da Igreja no continente.

A preocupação da identidade cristã da Europa esteve muito presente no magistério de João Paulo II. Neste contexto, recordemos que este papa, em 1990, por ocasião do XIV centenário da eleição de Gregório como bispo de Roma, escreveu a carta *Plurimus significans* (Circunstância significativa), na qual confiava ao doutor da Igreja alguns eventos eclesiais, entre os quais o sínodo dos bispos europeus. O auspício do papa era que as Igrejas da Europa oriental e da Ocidental tomassem consciência dos próprios dons que no passado se tinham intercambiado, com vistas a um desenvolvimento de um recíproco intercâmbio de dons para a nova evangelização do continente. Na mesma carta, a vinte e cinto anos da conclusão do Vaticano II, definido como um concílio pastoral, convidava a retomar em mãos um texto áureo do doutor da Igreja: a *Regra pastoral*. Trata-se de uma obra destinada aos bispos, mas também aos presbíteros. Gregório está convencido de que a vida contemplativa é superior à ativa, mas é precioso também o papel dos pastores, cujas obras devem brotar da oração. Este livro foi escrito por Gregório no início do pontificado, admitindo que sentia saudades do claustro.

Gregório nos deixou alguns comentários bíblicos e coletâneas de homilias, um rico epistolário e uma obra histórica e hagiográfica fundamental: os *Dialogos*. Organizada em forma de diálogo entre o próprio escritor e o diácono Pedro, narra a vida dos santos que viveram na Itália; a obra resulta particularmente preciosa, pois contém a mais antiga biografia de Bento de Núrsia (480-547). Este organizou o monaquismo ocidental, com uma regra inspirada na de Basílio de Cesareia. A Ordem Beneditina, ao longo de alguns séculos, absorverá outras ordens e comunidades monásticas, como os monges de Columbano. O monge Agostinho, que sucedeu a Gregório como responsável pelo mosteiro do monte Célio, em 596 é enviado pelo próprio Gregório a evangelizar a Bretanha. A generosa acolhida recebida em Cantuária é narrada na *História dos Anglos* de Beda, o Venerável. Em 598, Agostinho é nomeado bispo da cidade, sede dos reis. Alguns anos depois, a pedido de Agostinho, Gregório envia uma nova missão sob o comando de outro monge: Melito, que, segundo as informações de Beda, se torna o primeiro bispo de Londres e funda a catedral de São Paulo. Depois de alguns anos de sucesso, a missão inglesa vive um período difícil, particularmente depois da morte de Agostinho, ocorrida na primavera de 604, pouco depois da de Gregório (12 de março).

Uma das expressões mais conhecidas de Gregório é *Servus servorum Dei* (Servo dos servos de Deus), que se torna um dos títulos do papa. Por outro lado, na citada *Regra pastoral*, ele afirma que todo ministro deve ser prudente, compassivo e humilde: por primeiro, ele imprimiu estas características a seu pontificado.

Hoje podemos afirmar que a grandeza de Gregório consiste em ter-se feito discípulo de Orígenes, Cassiano, Ambrósio, Agostinho e Leão, transmitindo aos pósteros seus ensinamentos e seu espírito exegético, como observa o estudioso Inocêncio Gargano, monge camaldolense, precisamente do mosteiro do monte Célio. Por sua vez, serão discípulos de sua obra, feita de sínteses, mas também de originalidade, os doutores da Igreja sucessivos, de modo especial Beda, o Venerável, Pedro Damião e Bernardo de Claraval.

Entre as páginas que melhor nos ilustram a exegese de Gregório, há um trecho extraído do *Comentário a Ezequiel.* Gregório escreve: "As palavras divinas crescem com quem as lê; de fato, quanto mais forem contempladas em profundidade, tanto mais profundamente são compreendidas". Ele está convencido de que se cria uma relação entre o leitor e o texto em que age o Verbo divino, que se abaixa até o ser humano para transformá-lo. Nesta afirmação ecoa a visão de Atanásio de Alexandria, embora este fale do contato entre o Logos e o leitor. É necessária, porém, a participação de quem lê, porque seu coração deve dilatar-se. Em que sentido se pode compreender o crescimento paralelo das Sagradas Escrituras? No progresso do conhecimento e na própria vida do leitor, que pode – aliás, deve – tornar-se uma página viva, somada à Bíblia. Nos já citados *Diálogos,* encontramos alguns exemplos: diversos textos bíblicos são iluminados por ditos e fatos de santos, pressupondo que estes tenham sido impregnados pelo próprio Espírito que inspirou as Sagradas Escrituras. Pode-se, portanto, falar de hagiografia exegética: a vida dos santos e a Bíblia podem iluminar-se reciprocamente.

3.1.2. Isidoro de Sevilha

Os últimos padres da Igreja declarados doutores pedem que passemos rapidamente de um ponto a outro do mapa. Com Isidoro de Sevilha chegamos à península ibérica, onde, nos séculos seguintes, nascerão outros doutores da Igreja. Isidoro nasce em Cartagena em torno do ano 560, mas estuda em Sevilha, para onde sua família se transfere e que se torna sua cidade adotiva. O irmão maior, Leandro, torna-se bispo da cidade e em 585 sofre o exílio por parte do rei ariano Leovigildo, que o manda para Constantinopla. Aqui ele conhece pessoalmente o apocrisário Gregório [futuro papa] e os dois manterão um contato epistolar logo que tiverem podido retornar à própria terra. O irmão menor Fulgêncio se torna bispo de Astigi no fim do século VI e morrerá em torno do ano 630. Completam o quadro as irmãs Teodósia e Florentina; esta será monja e abadessa.

Chegou até nós uma carta de Leandro a Florentina na qual se lê:

> "Peço-te, caríssima irmã, que não te esqueças do nosso irmão menor, Isidoro, que nossos pais, considerando sua pouca idade, confiaram à proteção de Deus e de seus três irmãos maiores, a fim de que eles [os pais] pudessem reunir-se novamente com o Senhor, contentes e tranquilos. Como eu o considero um verdadeiro e próprio filho, e não anteponho nenhum bem material ao amor que provo por ele, e como me conforta o amor que ele mostra por mim, assim deves amá-lo e rezar por ele a

Jesus também tu, tanto mais intensa e suavemente quanto mais ternamente sabes que ele foi amado por seus pais".

Bom conhecedor do latim, do grego e do hebraico, verdadeiro novo *vir trilinguis*, Isidoro colabora com Leandro nas disputas com os arianos. Seus autores referenciais são dois doutores da Igreja – Agostinho de Hipona e o contemporâneo Gregório Magno –, e pode servir-se de obras clássicas e patrísticas na rica biblioteca fundada por Leandro e por ele sucessivamente ampliada. Após a prematura morte do irmão, em torno de 600, sucede-lhe na sé episcopal de Sevilha. Faz alguns anos que os Visigodos passaram do arianismo à fé da Igreja oficial e no novo século unificam a Espanha, instalando um novo reino. Podemos recordar aqui que a mãe de Isidoro é de origem visigótica. Ele terá a tarefa de inserir a Igreja no contexto da nova ordem política e mantê-la unida, integrando tradições diversas e lutando contra os cismas. Em 633 preside o terceiro concílio nacional de Toledo.

A obra que o tornou célebre intitula-se *Etimologias*: é considerada a primeira enciclopédia do saber clássico e cristão, em vinte volumes. Será um dos textos mais consultados na Idade Média e na Renascença, e uma das primeiras obras impressas depois da invenção da imprensa. Nos primeiros livros trata das artes do *trivium* e do *quatrivium*, segundo a *paideia* clássica, usada na formação dos cristãos por Agostinho de Hipona no seu livro *A Doutrina cristã.* Em seguida, passa-se da medicina ao direito, da dogmática à estrutura da Igreja, da geografia às etimologias, da antropologia à zoologia, das pedras aos metais, da guerra aos jogos, das naves aos edifícios, da casa aos utensílios e assim por diante.

Dentro da obra há um livro do mesmo nome, no qual elenca algumas etimologias, talvez nem todas acertadas, mas certamente originais. Algum exemplo: "*Humilis*, humilde, quase *humo adclinis*, o que significa inclinado para o chão». «Magnífico, deriva o próprio nome de *magna facendo,* ou seja, de realizar grandes ações". "Religioso, nome derivado de *relegere*, que significa recolher novamente, reler: de fato, o religioso vive e, por assim dizer, relê o que se refere ao culto divino". Aliás, há etimologias em toda a obra, algumas das quais são particularmente curiosas: "Célibe, que não se casa, como as divindades *no céu,* que não se casam: diz-se célibe, como para dizer feliz no céu". "Viúva, que não é casada *viri duo*, ou seja, com um segundo homem, nem se unia a outros depois da morte do primeiro cônjuge".

Deixou-nos numerosas outras obras de caráter diverso: científico, como o *De natura rerum* (A natureza das coisas); literário, como o *De viribus illustribus*, que continua a obra análoga de Jerônimo, o Dálmata, e inclui também Gregório Magno; histórico, como a *Historia de regibus Gothorum, Wandalorum et Suevorum* (História dos Godos, dos Vândalos e dos Suevos); dogmático, como o *De fide catholica contra Iudaeos* (A fé católica contra os Judeus), que é uma obra polêmica;

exegética, como *In libros Veteris ac Novi Testamenti prooemia* (Proêmios aos livros do Antigo e do Novo Testamento), síntese alegórica introdutiva a cada um dos livros bíblicos.

Merece ser citada outra obra que complementa as *Etimologias*: trata-se das *Sentenças*, que é de caráter religioso e mostra ainda uma vez o liame com os ensinamentos de Gregório Magno.

Isidoro morre no dia 4 de abril de 636. A proclamação doutoral ocorre em 1722 por parte de Inocêncio XIII, mas o oitavo concílio de Toledo (653) já o havia definido "doutor insigne do nosso tempo, o mais recente ornamento da Igreja".

3.1.3. Beda, o Venerável

É Leão XIII o papa que declara doutores os últimos padres da Igreja, segundo a cronologia: João Damasceno em 1890 e Beda, o Venéravel, em 1899, depois de ter proclamado os dois Cirilos (de Alexandria e de Jerusalém) em 1882. A solicitação do doutorado de Beda já tinha sido dirigida ao papa anterior, Pio IX, por parte do episcopado inglês, que tinha à sua frente o cardeal Wiseman. O títudo de Venerável é atribuído a ele pelo menos desde o século IX e ficará inseparavelmente ligado a seu nome, também na proclamação doutoral. Se o considerarmos como o último padre da Igreja declarado doutor, não devemos esquecer que Beda é um autor bárbaro [não grego], segundo as categorias da sua época, sendo de origem germânica.

Nasce em 673 na Nortúmbria, no nordeste da Inglaterra, e como ele mesmo narra, aos 7 anos é confiado ao mosteiro de Wearmouth, transferindo-se em seguida para a nova fundação gêmea de Jarrow. Recebe uma rígida formação ascética; de fato, no monaquismo dos Anglos sente-se o influxo da regra de Columbano, mais severa que a de Bento. Sua preparação humanística e teológica é ótima; seus autores referenciais são os quatro grandes padres da Igreja latinos proclamados doutores e Isidoro de Sevilha.

Em seu mosteiro, Beda dispõe de muitas obras clássicas e patrísticas, fruto dos esforços do abade Ceolfrith, que tornaram aquela biblioteca extraordinária. Este abade, como seu predecessor e fundador Bento Biscop, pertencia a uma geração privilegiada do ponto de vista intelectual, pois no final dos anos 660 tinha chegado como bispo de Cantuária Teodoro de Tarso. Este, de origem grega, estudou em Antioquia, Constaninopla, Edessa e Roma, aprendendo várias línguas e disciplinas clássicas e teológicas. O papa Vitaliano o consagrou bispo e enviou à Inglaterra, onde fundou uma escola teológica, na qual se formariam os eclesiásticos ingleses.

Com 30 anos, Beda se torna presbítero e continua sua vida de estudo; ele confessa: "Para mim, sempre foi agradável aprender, ensinar e escrever". Conhece o latim e o grego e, como Isidoro, estuda também o hebraico, para aprofundar o conhecimento da Bíblia. De fato, a exegese constitui um de seus principais interesses, tanto que comenta muitos textos das Sagradas Escrituras e propõe regras para a correta interpretação dos textos sagrados. Se na escola de Cantuária, por influxo do fundador Teodoro de Tarso, a exegese é de derivação antioquena e, portanto, histórico-literal, a de Beda é de caráter alegórico. Esta opção é devida tanto ao que aprendeu dos doutores da Igreja que ele estudou como à necessidade de explicar as Sagradas Escrituras a monges e fiéis muitas vezes incultos. Não que a alegoria seja uma simplificação, mas este tipo de exegese permite a Beda uma boa elasticidade. Para atender a esse objetivo, ele traduz para a língua anglo-saxã algumas orações, várias passagens bíblicas e seu *Comentário ao Evangelho de João*. Uma novidade de Beda é a de explicar os textos bíblicos comparando os comentários dos doutores da Igreja ocidentais sobre eles, de forma sistemática, a ponto de se poder atribuir a ele a paternidade da informação da existência de um *corpus* de padres da Igreja latinos.

Outro grande interesse de Beda é a história, que o leva a publicar a vida de alguns santos, a dos abades do seu mosteiro e particularmente sua obra-prima: a *Historia ecclesiastica gentis Anglorum* (História eclesiástica dos Anglos). Narra o papel decisivo na evangelização de sua terra por parte de Columbano, que antes de atravessar o canal da Mancha, foi até o norte da Inglaterra, e de Gregório Magno, definido "nosso apóstolo", que, como sabemos, enviou Agostinho e outros missionários. Na realidade, o próprio Beda é protagonista da história da Igreja em sua terra, defendendo com força a necessidade da integração entre Celtas e Germanos. A partir da metade do século V, o império romano se tinha retirado completamente da Britânia, agora presa dos Germanos. Para Beda, a Igreja pode unir povos de culturas diversas, mas ele não estimula a criação de uma Igreja nacional, preferindo manter um forte liame com Roma, que garante a universalidade da própria Igreja. Como Gregório Magno, afirma que a tarefa dos bispos consiste em pregar e guiar espiritualmente a Igreja. Na *História eclesiástica dos Anglos* refere a visão de um monge, que testemunha a crença na existência de um reino ultraterreno destinado a penas temporais, que poderia constituir um dos primeiros traços do que será definido como purgatório na Baixa Idade Média.

Ocupa-se também de diversas matérias científicas. Como todos seus contemporâneos, está convencido que a terra seja o centro do universo, mas defende que ela é redonda. Além de suas obras exegéticas e históricas, ficará famoso por duas criações: uma tabela em que indica as datas da Páscoa para os séculos seguintes, criando, assim, o calendário oficial da Igreja latina, e um método para contar com os dedos até o número novecentos e noventa e nove. Estuda também um sistema de comunicação mediante pequenos golpes com os dedos sobre a madeira, a ser usado no mosteiro nas horas em que vigora a obrigação do silêncio.

A Beda é também atribuída a invenção das notas ao pé da página. Provavelmente não corresponde à verdade, mas ele deve ser reconhecido como um dos primeiros autores a citar pontualmente as fontes. Sua harmonização da cultura clássica com a cristã é comum à maior parte dos doutores da Igreja da área latina que o precederam. Na introdução a uma seleção de provérbios, por exemplo, revela ter lido um texto de Sêneca, encontrando nele grande sabedoria: "A leitura despertou em mim não poucos estímulos a imitá-lo em semelhante iniciativa, recolhendo, tanto da literatura profana quanto da sagrada, em particular da nossa, alguns adágios úteis para a edificação dos fiéis".

Morre no seu mosteiro no dia 26 de maio de 735. O cardeal Bergoglio, ao ser eleito papa, confirmou o lema escolhido por ele no momento de sua ordenação episcopal em Buenos Aires: *Miserando atque eligendo*, que é uma frase extraída do comentário de Beda, o Venerável, ao Evangelho de Mateus. Pode ser traduzido assim: *olhou-o com misericórdia e o escolheu,* referindo-se ao chamado do próprio evangelista por parte de Jesus.

3.1.4. João Damasceno

Os quatro últimos padres da Igreja declarados doutores não só nos obrigam a viajar, mas nos fazem também entrar em contato com uma multiplicidade de culturas e povos. Do romano Gregório Magno passamos ao ibérico Isidoro, filho de mãe visigota; agora, do germânico Beda passaremos ao árabe João. Este nasce em torno do ano 670 de uma nobre família de sobrenome Mansûr (vitorioso), de Damasco, capital dos omíadas há alguns decênios. Nos inícios, os califas são tolerantes para com os cristãos; o pai de João, Sérgio, até exerce um cargo administrativo às suas dependências.

João pertence à Igreja Melquita e se forma nos estudos clássicos junto com Jazid, futuro califa, adquirindo um bom domínio da língua grega, que lhe permite aceder a um cargo estatal como o pai. A ascensão ao poder de um califa hostil aos cristãos impede que eles exerçam cargos públicos. João, já inclinado a uma vida ascética, entra para o mosteiro São Saba, no deserto de Judá, não distante de Belém, onde viverá até a morte. Seu túmulo se conserva numa gruta sob o complexo do mesmo mosteiro, hoje nas mãos dos greco-ortodoxos.

Sua obra mais conhecida é a *Exposição cuidadosa da fé ortodoxa*, que é o terceiro livro da *Fonte do conhecimento*. É considerada uma *summa theologica* dos padres e doutores da Igreja gregos: de Orígenes a Atanásio, dos Capadócios a João Crisóstomo, até os autores mais próximos dele no tempo. Na realidade, cita também um doutor latino: Leão Magno. A necessidade de uma apresentação cuidadosa da fé cristã, por um lado, é ligada à presença de heresias, das quais se ocupa no segundo livro da *Fonte;* por outro, à difusão dos Islamismo.

A propósito desta religião, João a define como "a centésima heresia". De Maomé, afirma:

> "Depois de ter conquistado o favor do povo, simulando aparente religiosidade, vai dizendo que do céu lhe foi comunicada uma escritura divina. Assim, transmite a eles este culto a ser praticado, depois de ter reunido em seu livro algumas doutrinas ridículas".

Na introdução da *Exposição* exprime seu intento e seu limite:

> "Deus revelou o que era útil para nosso conhecimento e calou o que não estávamos em condições de suportar. Nós nos contentaremos com isto e permaneceremos fiéis, sem remover os limites eternamente postos ao nosso saber e sem ultrapassar a divina revelação".

A fama de João está também ligada à controvérsia sobre as imagens sagradas, que explode quando o imperador bizantino, Leão III Isáurico, que já em 725 tinha aderido ao iconoclasmo, fazendo retirar uma imagem de Cristo posta sobre uma das portas de sua residência, em 730 promulga um edito neste sentido. O iconoclasmo é uma forma de pensamento que considera idolatria o culto das imagens sagradas. Difunde-se por diversas partes do império bizantino, apesar da oposição do patriarca de Constantinopla, Germano, que por esta razão será deposto por Leão III. É provável que tenha influído sobre os iconoclastas o veto islâmico a respeito da representação de Deus e das pessoas, numa espécie de retorno às proibições mosaicas em vigor no hebraísmo.

João vive fora do império romano e intervém livremente no debate, em particular com três *Discursos em defesa das imagens sagradas*, escritos em 726 e 730. É na teologia da imagem que João mostra sua originalidade e oferece uma contribuição que entrará a fazer parte da bagagem da tradição. Antes de tudo, ele evidencia a distinção entre adoração, devida somente a Deus, e veneração, que se faz em diversas modalidades, entre as quais enumera a das imagens sagradas. Mas aqui é necessário apelarmos para uma reflexão filosófico-teológica: a imagem é *semelhante*, mas não é igual ao original, do contrário haveria plena coincidência, o que se deve excluir. Como afirmavam os padres da Igreja de Alexandria, somente o Filho de Deus é imagem do Pai, ao passo que o ser humano, como escreve o Gênesis, é criado "à" imagem, sendo, portanto, imagem da imagem. Tendo-se encarnado, o Filho assumiu a forma humana: é essa forma que nós podemos representar, sendo imagem da imagem. Portanto, representa-se a imagem, mas se presta culto ao protótipo, não à própria imagem.

Em grego, o termo imagem se diz *eikon*, que logo evoca um mundo conhecido por nós: o dos ícones. Os ícones não pretendem representar Deus, que é inacessível, mas o invisível que se tornou visível. O culto das imagens está estreitamente ligado à encarnação; aliás, representa um caminho de fé para com tão grande mistério. Venerando o ícone, na realidade se presta culto a Deus, que é o protótipo. Diversamente do que hoje se diz a propósito dos ícones, para João Damasceno elas desempenham também uma função didática: "O que é o livro para os que sabem ler, é a imagem para os iletrados". Não só: vendo as imagens de Cristo, da Mãe de Deus e dos santos, somos induzidos a imitá-los, pondo em prática as Sagradas Escrituras, e o cristão se torna, por sua vez, um modelo a ser imitado na verdadeira fé e nas boas obras. Quanto ao Antigo Testamento, João afirma que se trata de uma norma não definitiva, como o demonstra o fato de que a arca da aliança foi adornada com esculturas de querubins. De qualquer modo, essa lei não obriga os cristãos.

Outro ponto fundamental da teologia de João é a afirmação da bondade da matéria: ela é preciosa, como tudo o que provém de Deus, e preciosas são também as cores que fazem parte da matéria. Contemplando as imagens do Verbo encarnado, nós santificamos a vista, que é o primeiro dos nossos sentidos, assim como, ouvindo as palavras, santificamos o ouvido: a imagem, para Damasceno, é uma memória.

Após a morte de João, o imperador Constantino V, filho de Leão III, intervém na controvérsia teológica, que não é somente disciplinar, e defende que os ícones traem o protótipo: portanto, não podem ser venerados. Para Constantino V, a única imagem consubstancial ao protótipo é a Eucaristia (conscientemente ele usa o adjetivo niceno [consubstancial] para se colocar em continuidade com o primeiro concílio). Os padres do concílio convocado por ele em Hiéreia, não longe de Calcedônia, em 754, não aceitam suas reflexões, mas compartilham a condenação da veneração das imagens. Em 787, a imperatriz Irene convoca o segundo concílio de Niceia, que nega a validade do concílio de Hiéreia, do qual não tinha participado nenhum patriarca. Trata-se do sétimo e último concílio durante o tempo em que Roma e Constantinopla ainda estavam unidas. Participam também mais de vinte bispos da Itália meridional, pertencentes a duas províncias eclesiásticas do patriarcado de Constantinopla (Calábria e Sicília), onde tinham sido acolhidos muitos monges orientais exilados ou fugitivos por causa da perseguição iconoclasta que se seguiu ao concílio de Hiéreia.

Sem entrar no mérito da reunião, aqui é importante recordar que a teologia de João Damasceno é acolhida pelo concílio, que afirma não somente a liceidade, mas a importância da veneração das imagens. No décimo segundo aniversário deste concílio, o papa João Paulo II escreveu uma carta apostólica, intitulada *Duodecimum saeculum* (O décimo segundo aniversário), significativamente datada de 4 de dezembro, dia da festa de João Damasceno.

Com a morte de João Damasceno, ocorrida em torno de 750, os historiadores e os patrólogos sancionam o fim da idade patrística.

3.2. Os monges

Terminado o período dos padres da Igreja, procedendo em ordem cronológica, encontramos outros quatro doutores, que são acomunados pelo fato de serem monges, embora em contextos diferentes. Partimos da distante Armênia, onde, o papa Francisco, ultrapassando os confins confessionais, declarou Gregório de Narek doutor da Igreja. Este é o autor mais lido e amado em sua Igreja, e o papa desejou dar a conhecer sua visão espiritual à Igreja Católica, também por razões ecumênicas. Gregório morre nos primeiros anos do segundo milênio; hoje é o doutor da Igreja que ocupa o centro da sequência de doutores: de fato, há dezoito antes dele e dezoito depois.

Pedro Damião é um monge camaldolense, obrigado a ser bispo e cardeal, mas que consegue voltar ao mosteiro de fonte Avellana, a viver seus últimos anos, onde retoma a vida de oração e de estudo científico e literário. É recordado pela sua atividade de reformador monástico e moralizador.

Anselmo nasce em Aosta, mas despenderá sua vida em boa parte num mosteiro beneditino da Normandia; torna-se depois bispo de Cantuária e sofre dois exílios. Filósofo e teólogo famoso, deixou numerosas obras que são objeto de estudos no contexto da Idade Média, e mesmo depois.

Bernardo de Claraval nasce na Borgonha e se faz monge na primeira abadia da reforma cisterciense. Como Gregório de Narek, ama as Sagradas Escrituras e tem uma profunda vida interior, mas diversamente do monge armênio, transcorre a vida inteira num mosteiro. Bernardo é protagonista da história da Igreja de sua época com intensa ação direta.

3.2.1. Gregório de Narek

No dia 12 de abril, o papa Francisco, durante uma missa solene para os fiéis de rito armênio, celebrada na basílica de São Pedro, na presença dos que ele definiu seus irmãos, os patriarcas e bispos Karekin II e Aram I (Igreja Armênia Apostólica) e Nerses Bedros XIX (Igreja Católica Armênia), comemora o centenário do genocídio armênio e declara doutor da Igreja Gregório de Narek. No final da celebração, Karekin II faz a leitura de uma mensagem ao papa:

> "Exprimimos nossa profunda satisfação e a do nosso povo, por ter conferido por parte da Igreja Católica o título de doutor da Igreja, segundo a definição da Igreja Católica, a São Gregório de Narek, um dos pais da Igreja armênia, durante esta cerimônia que testemunha a amizade entre nossas duas Igrejas irmãs".

O papa Francisco dedicou a carta apostólica *Vidimus Stellam* (Vimos a estrela) à declaração doutoral, na qual faz notar que a popularidade dos escritos de Gregório sempre cresceu, constantemente comparado com Efrém, o Sírio, João Crisóstomo e Gregório, o Iluminador (evangelizador da Armênia), e que suas obras penetraram em todos os campos da vida religiosa e cultural de seu povo.

Protagonista do percurso da causa de doutorado foi a Igreja Católica Armênia. A primeira solicitação em favor do doutorado foi enviada pelo patriarca armênio católico Hovhannes Bedros XVIII Kasparian a João Paulo II, em 1988. A Congregação para as Igrejas Orientais deu seu parecer positivo, mas a da Doutrina da Fé considerou que a causa ainda não estava madura. Em 2010, o patriarca Nerses Bedros XIX Tarmouni enviou uma solicitação a Bento XVI, em nome do Sínodo armênio-católico, sem, porém, conseguir fazer progredir a causa.

Foi notável a aceleração da causa desde os inícios do pontificado de Francisco, que acolheu favoravelmente os apelos a ele dirigidos. No fim de 2013 interveio o bispo Claudio Gugerotti, na época núncio apostólico na Bielorússia, escrevendo ao prefeito das Igrejas Orientais para propor que Gregório fosse declarado doutor da Igreja por ocasião do centenário do genocídio dos armênios. Em abril de 2014, Nerses Bedros XIX escreveu ao papa para pedir formalmente a declaração em favor de Gregório, assegurando a ortodoxia, a originalidade e a universalidade de sua doutrina. Em setembro de 2014, o mesmo patriarca escolheu como postulador da causa o bispo Zekian, nomeado pouco depois arcebispo armênio católico de Istambul, um dos maiores conhecedores da história, da teologia e da espiritualidade armênia.

Nerses Bedros XIX, junto com o bispo Gugerotti, escreveu novamente ao papa para insistir na oportunidade de chegar à declaração doutoral em 2015. No fim de 2014, a Congregação para a Doutrina da Fé declarou eminente a doutrina de Gregório. No início de 2015, a Congregação das Causas dos Santos deu seu parecer positivo e, no dia 21 de fevereiro, Francisco confirmou a sentença afirmativa da sessão plenária dos cardeais e bispos da Congregação das Causas dos Santos. Diversamente do que fez Bento XVI para Hildegarda de Bingen, o papa Francisco não procedeu à canonização equipolente, reconhecendo, de fato, a validade da canonização do santo por parte da Igreja Armênia.

Gregório nasce na Armênia em torno de 950, na região então denominada Andzevatsik. Seu pai, que se tornará bispo depois da morte prematura da esposa, confia o filho a Ananias, primo de sua esposa e abade do mosteiro de Narek, perto do lago de Van, atualmente na Turquia. Gregório estuda na prestigiosa escola teológica do mosteiro, onde se torna monge e em seguida presbítero. Dedica sua vida à oração e à teologia, deixando-nos diversas obras, uma das quais é o texto espiritual mais lido pelo povo armênio: o *Livro da Lamentação*, denominado popularmente "o Narek". Morre em torno do ano 1005. Na época do genocídio armênio, seu mosteiro doi destruído e não há vestígios de seu túmulo.

Faz mais de mil anos que Gregório é considerado um dos mais importantes *vardapet*, termo armênio que significa "mestre" ou "doutor". O ponto central de sua doutrina é a consciência do pecado e dos limites do homem, que necessita da encarnação do Filho de Deus para se comunicar com Deus. O *Livro da Lamentação* é repleto de expressões de arrependimento, que abrem o caminho ao diálogo com Deus. Quanto ao mistério da Trindade, ele vê um reflexo dela na alma humana e também num paralelismo com as virtudes teologais. João Paulo II, na encíclica *Redemptoris Mater* (1987), recorda o florescimento poético nascido da contemplação do mistério de Maria, não somente na tradição latina e grega, mas também nas tradições antigo-orientais, particularmente graças a Gregório de Narek na tradição armênia, a Cirilo de Alexandria na tradição copta e etíope, e a Efrém na tradição síria.

Gregório de Narek, junto com Efrém, o Sírio, que foi declarado doutor da Igreja em 1920, representa significativamente as Igrejas do Oriente da área não grega. Efrém viveu no século IV, quando nenhuma divisão ainda havia ferido a Igreja; Gregório viveu no século X, quando os Armênios, já fazia meio milênio, não estavam mais em comunhão com Roma e Constantinopla. Portanto, é legítimo afirmar que o doutorado de Gregório representa um caso de "ecumenismo dos santos". Dois fatos impressionam: foi declarado doutor da Igreja um santo que nunca foi canonizado pela Igreja Católica e que viveu numa época em que a Igreja Armênia não estava em comunhão com Roma. O cardeal Amato escreveu:

> "Como doutor comum de toda a Igreja armênia, com seu magistério doutrinal sobre a terra e sua intercessão no céu, São Gregório Narek contribuirá a caminhar para a plena unidade, dado que o ecumenismo da santidade é a forma mais alta de todo ecumenismo".

Em 5 de abril verificou-se outro sinal ecumênico dedicado a Gregório de Narek: uma estátua de bronze que o representa foi posta nos jardins vaticanos, num lugar visível desde a Casa Santa Marta, na presença do papa Francisco, de Karekin II, Aram I e de Krilkor Bedros XX, sucessor de Nerses Bedros XIX. A escultura foi feita por David Erevantsi, artista de Yerevan, em duas cópias: além da destinada a Roma, há uma segunda que foi posta nos jardins do palácio apostólico de Etchmiadzin, o Vaticano armênio.

No dia 25 de janeiro de 2021, no final da semana de oração pela unidade dos cristãos, o nome de Gregório de Narek foi inserido no Calendário Romano Geral. Sua festa se celebra no dia 27 de fevereiro, data já presente no martirológio romano, onde está escrito: "No mosteiro de Narek, na Armênia, São Gregório, monge, doutor dos armênios, insigne pela doutrina, pelos escritos e pela ciência mística". Gregório não recebeu um qualificativo oficial, diversamente do que aconteceria com Ireneu de Lião. Na tradição, porém, é considerado "doutor dos armênios", como lemos no martirológio. Na viagem à Armênia em 2016, o papa Francisco afirmou que ele poderia ser definido como "doutor da paz".

Por fim, leiamos algumas linhas de Gregório:

> "Não é pelos seus dons que eu persevero nas minhas súplicas, mas pelo Senhor, que é o verdadeiro Caminho. Não é de seus dons, mas de seu doador que eu tenho contínuas saudades. Não é o repouso que eu busco, mas a face daquele que concede o repouso".

A proclamação doutoral de Gregório nos lembra que, com frequência, os mosteiros se tornam lugares de comunhão entre as diversas confissões cristãs e até mesmo entre as diversas religiões. Recordamos aqui o exemplo hagiográfico de Simeão Armênio, conterrâneo e contemporâneo de Gregório de Narek, que chegou à Itália como peregrino e que, com mais de 80 anos, retirou-se para a abadia beneditina de Padolirone, perto de Mântua, onde faleceu em 1016. Simeão foi canonizado por Bento VIII em 1024.

3.2.2. Pedro Damião

Entre os doutores da Igreja do primeiro milênio devemos distinguir os mais antigos, patrimônio comum de todas as Igrejas, e os da Alta Idade Média, comuns somente a Roma e a Constantinopla. Os doutores da Igreja do segundo milênio pertencem todos à Igreja Católica, tendo vivido depois do grande cisma do Oriente de 1054. Um caso à parte, como vimos, é constituído por Gregório de Narek.

No mundo latino, no século XI, assiste-se a uma renovação do monaquismo, pela acentuação da vida eremítica. A figura mais relevante da que podemos chamar reforma monástica é Pedro Damião. Nasce em Ravena em 1007, dedica-se aos estudos literários em Parma, depois retorna à sua cidade, onde leciona as artes liberais. É ordenado presbítero; entretanto vai amadurecendo nele sua orientação para a vida monástica que, em torno de 1035, leva-o a entrar para o eremitério de Fonte Avellana, uma das primeiras fundações de Romualdo (+-950-1027), também natural de Ravena, iniciador da Ordem Camaldolense. Será Pedro Damião a escrever a primeira biografia de Romualdo. Em questão de poucos anos, dada sua preparação cultural e teológica, Pedro é nomeado mestre dos noviços e depois prior. Escreve uma regra monástica, reinterpretando a de Bento de Núrsia, segundo as exigências de maior ascetismo, inspirando-se nos padres da Igreja do deserto e tornando-se assim o segundo fundador dos camaldolenses.

Em torno de 1057, o papa Estêvão IX nomeia-o cardeal e bispo de Óstia, escolhendo-o como estreito colaborador. Pedro Damião obedece com relutância, mas se torna o leal braço direito do pontífice, que muitas vezes lhe confia encargos delicados, na qualidade de seu representante junto a alguns Estados italianos e europeus. Quando em 1061 é eleito o novo papa, Alexandre II, Pedro Damião pede para retornar ao seu mosteiro; seu pedido, porém, só é aceito em 1067. Volta, então, para Fonte Avellana, embora os papas continuem a confiar-lhe novas missões. Em 1982, João Paulo II vai a Fonte Avellana e recorda o liame de Pedro Damião com aquele mosteiro,

> "onde, apenas lhe foi possível, retomou sua veste de simples monge, renunciando a todas as honrarias que lhe eram devidas como bispo e cardeal, e donde voltou a viajar, em espírito de obediência, sempre que sua obra de pacificador era solicitada, numa época histórica complicada e dividida por rivalidades e guerras internas".

Pedro Damião morre por causa de uma enfermidade inesperada em 1072, em Faenza, num mosteiro beneditino, onde fez uma parada forçada ao retornar de uma viagem.

Deixou-nos um rico epistolário, diversas homilias, textos hagiográficos e obras de diversos tipos. Participa do debate teológico entre latinos e gregos, que culminou com o cisma, com textos breves, entre os quais citamos: *Contra os erros dos Gregos a respeito da processão do Espírito Santo, O bem dos sufrágios, A fé católica.* Ele auspicia uma recomposição da fratura, mas o estilo dos seus escritos é de caráter apologético. Quanto à relação entre fé e razão, defende a superioridade da primeira sobre a segunda, afirmando que a filosofia deve situar-se diante da teologia como uma serva perante sua senhora. Como sabemos, será Tomás de Aquino a tornar famosa esta imagem contida no opúsculo *A Onipotência*, de Pedro Damião. Se a filosofia tivesse sido indispensável para a salvação, Deus teria enviado filósofos e não pescadores a pregar o Evangelho. Esta afirmação recorda o pensamento dos Capadócios, mas Pedro Damião vai além, considerando que o único estudo necessário seja o das Sagradas Escrituras.

No canto XXI do *Paraíso*, Dante exalta a obra moralizadora de Pedro Damião, ao qual faz pronunciar uma invectiva contra os cardeais que vivem no luxo. Efetivamente, Pedro escreveu textos contra os excessos dos eclesiásticos, condenando a simonia, isto é, a compra e venda de bens sagrados, e o nicolaísmo, ou seja, a prática do clero de levar uma vida matrimonial ou concubinária. No *Livro de Gomorra* denuncia em particular os pecados do clero: "A imundície sodomítica se insinua como um câncer na Ordem Eclesiástica, aliás, como uma fera sedenta de sangue avança furiosa sobre o rebanho de Cristo com livre audácia". Condena também a gravidade de os eclesiásticos pecadores se confessarem e absolverem reciprocamente.

É provável que Dante tenha permanecido um tempo em Fonte Avellana, escrevendo ali uma parte da *Divina Comédia*. Aqui podemos recordar que, além de Pedro Damião, posto no sétimo céu entre os espíritos contemplativos, no *Paraíso* de Dante, entre os espíritos sábios do quarto céu, encontramos João Crisóstomo e alguns doutores da Igreja medievais: Anselmo, Alberto, Boaventura e Tomás; ao passo que no empíreo [parte mais elevada do paraíso] Dante coloca Agostinho e Bernardo.

Pedro Damião é protagonista de uma polêmica com o cardeal Humberto da Silva Cândida (protagonista do cisma do Oriente), que o acusa de ser demasiado indulgente para com os simoníacos. Apesar de sua rigidez, Pedro Damião defende que os sacramentos administrados pelos simoníacos são válidos, embora num primeiro tempo tenha afirmado o contrário, porque sua culpa não é totalmente comparável à de uma heresia; além disso, eles não põem em discussão os dognas principais.

Seu interesse maior é constituído pela vida ascética e mística, e é a este âmbito que ele dedica diversas obras breves. Não faltam alguns exageros, como a exaltação da autoflagelação, inclusive pública, e o convite aos monges a não se preocuparem com a higiene pessoal. Propõe a todos a vida monástica que, porém, "é somente uma preparação para a mais alta meta, que é a solidão do eremitério", ao qual alguns são chamados para alcançar a perfeição. Existe uma figura superior ao eremita? Pedro Damião parece responder a esta pergunta numa carta intitulada *A brevidade da vida dos pontífices*, em que exalta a figura do papa, "superior em dignidade a todos os que vivem na carne" e cuja morte é instrumento de salvação para todos: o pontífice deve ser exemplar na vida e na morte.

A reforma camaldolense, assim como a de Valumbrosa, iniciada por João Gualberto (995-1073), não terá grande difusão, provavelmente por causa de um forte espírito ascético, mas ainda hoje, depois de um milênio, os monges dessas congregações dão testemunho da espiritualidade das primeiras gerações.

Pedro Damião foi declarado doutor da Igreja em 1828 por Leão XII, mediante a constituição apostólica *Providentissimus Deus* (Deus providentíssimo). Em 2007, por ocasião do milênio de seu nascimento, Bento XVI escreveu uma carta à Ordem Camaldolense, na qual elogia Pedro Damião por sua feliz síntese entre vida eremítica e empenho pastoral, na qual também o define como a alma da reforma de Gregório VII e sublinha a recuperação dos ensinamentos dos doutores da Igreja antigos, como Jerônimo, o Dálmata, Agostinho de Hipona e Gregório Magno.

3.2.3. Anselmo de Aosta

Anselmo nasce em Aosta em 1033 e se forma na abadia de Frutuária, perto de Turim, que aplicava a reforma cluniacense (uma renovação da regra beneditina iniciada em Cluny, na Bretanha, no século X); em seguida, Anselmo passa para o mosteiro de Notre-Dame du Bec, na Normandia, onde em 1060 se faz monge. A escolha daquele lugar é ligada à presença de Lanfranco de Pavia, abade e mestre de teologia, futuro bispo de Cantuária, que faz de Le Bec um centro cultural de primeira importância. Aqui, como refere ele mesmo, passa três anos sem encargos, quinze como prior (a partir de 1063, quando Lanfranco se transfere para outro mosteiro) e quinze como abade. Anselmo continua seu percurso de fisósofo e teólogo, deixando-nos obras de grande profundidade, escritas nos anos de sua vida no mosteiro e também depois.

Após a morte de Lanfranco, em 1089, a sede de Cantuária fica vacante até 1093, pois o rei Guilherme II confisca os bens da Igreja e se recusa a nomear um novo bispo. Em 1092 Anselmo faz uma viagem à Inglaterra, onde permanece alguns meses. Chegando a Cantuária, é aclamado como novo bispo. O rei não está de acordo em decretar a nomeação, mas mudará de parecer após ter adoecido gravemente. Anselmo se opõe a aceitar o cargo, mas o fará em 1093, depois de longas tratativas com o soberano.

Durante seu episcopado, haverá sempre forte tensão com Guilherme II, que não reconhecia a autoridade do papa Urbano II e apoiava um antipapa. Por exemplo, quando um delegado pontifício leva a Cantuária o pálio dos metropolitas, até hoje sinal de liame direto com o papa, o rei pretende impô-lo pessoalmente a Anselmo; diante da recusa do delegado, o bispo se reveste sozinho do símbolo papal. Em 1097 Anselmo quer ir a Roma e o rei ameaça não permitir seu retorno para a Inglaterra. O bispo não quer submeter-se a esta ameaça e viaja para o continente, permanecendo ali até a morte de Guilherme II, em 1100, quando o sucessor, Henrique I, o convida a voltar para sua sede. Também com o novo rei, porém, há dificuldades, devidas à luta pelas investiduras, e em 1103 Anselmo deixa de novo a Inglaterra, para a qual só poderá voltar em 1107. Morre em 1109.

Em 1720, Clemente XI o declara doutor da Igreja e a tradição lhe atribui os adjetivos de *magnificus* e *marianus*. Por ocasião do oitavo centenário da morte, em 1909, Pio X publica a encíclica *Communium rerum* (Em meio às asperezas dos tempos), na qual afirma que a tarefa da filosofia é a de "demonstrar a razoabilidade da nossa fé", donde deriva o dever de crer na autoridade divina; diversa é a tarefa da teologia, que se funda sobre a revelação "e torna mais sólidos na fé os que já professam gozar da honra do nome cristão". A respeito disto, é citada uma expressão de Anselmo quanto ao assentimento de fé requerido de todo cristão: "Se você puder compreender, dê graças a Deus; se não puder, levante a testa para discutir, mas abaixe a cabeça para venerar".

No centenário seguinte, Bento XVI envia uma mensagem ao cardeal Giacomo Biffi, seu delegado para as celebrações programadas em Aosta. O papa afirma que a luz de Anselmo continua a brilhar, "particularmente onde são cultivados o amor pela verdade da fé e o gosto pelo seu aprofundamento mediante a razão". Quanto à relação entre a fé e a razão no pensamento de Anselmo, já se tinha pronunciado João Paulo II na já citada encíclica, na qual lembra que para Anselmo não há competição entre os dois âmbitos. Uma observação importante refere-se à função do amor: "O intelecto deve dedicar-se a buscar o que ele ama: quanto mais ama, mais deseja conhecer".

As citações dos papas nos ajudaram a penetrar num dos grandes temas de Anselmo: a relação entre fé e razão, ambas iluminadas por Deus. Para Anselmo, a busca da verdade necessita da fé, mas esta requer provas racionais. As provas mais importantes se referem à própria existência de Deus e à sua natureza. Inicialmente, no *Monologion* (Solilóquio), reflete sobre elas *a posteriori*. Se existem coisas boas, devem ter um princípio único, que é a bondade absoluta, quer dizer, Deus; se existem grandezas diversas, deve existir uma soma da qual todas participam, isto é, Deus; tudo o que existe, existe em virtude de alguma coisa ou de nada, e dado que alguma coisa existe, isto acontece em virtude de um ser supremo, que é Deus; existe uma hierarquia dos seres vivos que postula um ser perfeito no ápice, e este é Deus.

No *Proslogion (*Colóquio), Anselmo oferece as provas *a priori*. No prólogo ele se refere ao *Monologion*:

> "Considerando que o texto era constituído pela concatenação de muitos argumentos, comecei a perguntar-me se não seria possível encontrar um único argumento que demonstrasse por si só, sem a ajuda de nenhum outro, que Deus verdadeiramente existe, que é o Sumo Bem, que não precisa de nada e de quem tudo o mais necessita para ser e ter valor, e que bastasse também para demonstrar as demais verdades que cremos a respeito da substância divina".

Ponto central do *Proslogion* é a afirmação do estulto: "Deus não existe" (citação de um Salmo); mas perguntando à mesma pessoa quem seria Deus, ele responde: "Aquele de quem não se pode pensar nada maior". Para Anselmo, esta afirmação remete à existência real de Deus e não somente a uma definição intelectual e, portanto, potencialmente hipotética. Se Deus existisse só na mente, não seria aquele de quem não se pode pensar nada maior; mas esta hipótese é contraditória, portanto, Deus existe.

A prova *a priori* é contestada por seu discípulo Gaunilon (+-994-1083+-), monge de Tours e filósofo, que afirma que ao pensamento da existência não corresponde necessariamente a existência; aduz como exemplo o pensamento de uma ilha perfeita que, porém, não existe só por pensá-la. Anselmo responde à objeção da ilha que não existe no *Liber apologeticus contra Gaunilonem* (Livro apologético contra Gaunilon), afirmando que a perfeição da hipotética ilha seria relativa, ao passo que a de Deus é absoluta e somente de Deus se pode dizer que é aquele de quem não se pode pensar nada maior.

Citemos ainda uma obra: *Cur Deus homo* (Por que Deus se fez homem?). Na complexa pesquisa da liberdade e necessidade de Deus, Anselmo afirma que a encarnação se tornou necessária por causa do pecado de Adão e Eva que levou à perda da imortalidade, mas que já estava predisposta desde o início da criação. Por sua vez, o pecado requer uma expiação, mas sua gravidade foi tal que o ser humano não está em condições de garantir uma justa satisfação. Daqui a necessidade de expiação por parte do Salvador, Deus e Homem. Segundo João de Salisbury, biógrafo de Anselmo, este começa a escrever o *Cur Deus homo* durante sua permanência em Cápua, no primeiro exílio na Itália. Numa etapa seguinte, por encargo de Urbano II, apresenta a posição católica sobre a processão do Espírito Santo no sínodo de Bari de 1098, que mirava a recomposição do cisma de 1054.

Foi Thomas Becket a pedir a João de Salisbury que escrevesse a vida de Anselmo, que fora seu predecessor; o texto foi apresentado a Alexandre III em 1163 durante o sínodo de Tours, solicitando a canonização de Anselmo, que se verificará no mesmo ano. Becket será assassinado na catedral de Cantuária em 1171 e o próprio João de Salisbury escreverá imediatamente a biografia, para favorecer sua canonização, que aconteceria dez anos depois da de Anselmo.

3.2.4. Bernardo de Claraval

Bernardo nasce em 1090 em Fontaines, na Borgonha, e depois dos estudos clássicos, em 1111, entra para o mosteiro de Cister, junto com aproximadamente trinta companheiros. Apenas feita a profissão monástica, em 1115 recebe o encargo de fundar um mosteiro em Campagne, por parte de Estêvão Hardin (1059-1134), terceiro abade de Cister e cofundador da Ordem Cisterciense junto com Roberto de Molesme (+-1024-1111). Esta Ordem nasce em 1098 dentro da Congregação Cluniacense e se propõe, por sua vez, redescobrir o espírito inicial do monaquismo beneditino. Bernardo denomina Clairvaux (Claraval) o lugar da nova fundação, cujo programa espiritual consiste essencialmente na imitação de Cristo.

Não goza de boa saúde, ainda mais fragilizada pelas duras penitências que ele se impõe e com frequência deve atravessar períodos de repouso forçado. Seu temperamento e uma vontade férrea permitem-lhe todas as vezes recuperar as forças e enfrentar longas viagens. De fato, ele se torna protagonista da vida da Igreja de seu tempo: abades, bispos e papas o escolhem como conselheiro e pedem-lhe para intervir pessoalmente em questões delicadas mediante escritos e discursos.

Uma das situações mais complexas de sua época é a da disputa entre Inocêncio II e Anacleto II, ambos eleitos papas por duas facções opostas de cardeais, em

1130. Bernardo se coloca da parte do primeiro, apesar de Inocêncio II ter sido eleito por uma minoria, apoiando-o junto aos governantes e intervindo num sínodo dos bispos franceses que precisavam compreender quem era o pontífice legítimo. Inocêncio II vai à França e, num novo sínodo, Bernardo, que já goza de grande popularidade, o apresenta como o verdadeiro papa e o acompanha em várias regiões de além dos Alpes para consolidar seu reconhecimento.

Em 1133 intervém numa disputa política entre Gênova e Pisa; seu empenho na Itália, porém, está particularmente voltado para frear a atividade de Anacleto II, que goza de bom número de seguidores, apesar da excomunhão lançada sobre ele por Inocêncio II. Voltará em seguida à península para a mesma finalidade. A história dará razão a Bernardo; de fato, Inocêncio II é considerado papa legítimo e Anacleto II antipapa. Intervém em problemas eclesiásticos e políticos também na Alemanha e na Inglaterra. No sul da França organiza uma missão para frear a difusão de heresias pauperistas, pregando em muitas cidades. Apoia a Ordem dos Templários e lhe dedica uma obra que os recomenda.

Em março de 1146 encontram-se em Vézelay o papa Eugênio III (que foi monge em Claraval), o rei da França Luís VII e Bernardo, ao qual pedem que pregue em favor da segunda cruzada, que aconteceria logo após a queda de Edessa. Bernardo consegue envolver Conrado III da Suábia e seu sobrinho Frederico Barba Roxa. A expedição partirá no ano seguinte, mas será um fracasso total, e Bernardo terá que enfrentar fortes críticas. Morre em Claraval no dia 20 de agosto de 1153. É proclamado doutor da Igreja por Pio VIII em 1830. Em 1953, Pio XII escreve a encíclica *Doctor mellifluus* por ocasião do oitavo centenário da morte.

Bernardo é um escritor fecundo: deixa-nos um epistolário com mais de quinhentas cartas, em parte por ele mesmo corrigidas, numerosas homilias, em particular sobre o Cântico dos cânticos, e obras de conteúdo ascético e parenético.

No *Tratado sobre o dever de amar a Deus*, elenca os graus do amor, afirmando que, por causa da Encarnação, Deus tem o direito de ser amado sobre todas as coisas. O primeiro grau do amor é o carnal, no qual o homem se concentra sobre si mesmo; no segundo, o homem ama a Deus levado pelo próprio interesse; no terceiro, ama-se a Deus por ser Deus; no quarto, o homem ama a si mesmo para dar tudo a Deus.

Bernardo participa do debate filosófico no *Tratado sobre a graça e o livre-arbítrio*. A questão que ele coloca se refere à função do livre-arbítrio, partindo do pressuposto de que é a graça que salva o homem. Ele escreve:

> "Elimina o livre-arbítrio: não haverá mais aquele que é salvo. Elimina a graça: não haverá mais o meio mediante o qual ele é salvo. Deus é o autor da salvação, somente o livre-arbítrio é apto a recebê-la. Consentir significa ser salvo".

Dedica a Inocêncio II um texto intitulado *Contra alguns artigos dos erros de Abelardo,* que nos remete a uma controvérsia que Bernardo mantém com o filósofo precursor da escolástica, acusado de considerar a fé uma opinião. Na realidade, há uma distância imensurável entre seus métodos teológicos: Bernardo é um teólogo monástico, que baseia seu pensamento nas Sagradas Escrituras, interpretadas de acordo com os padres da Igreja; Pedro Aberlardo (1079-1142), dito *doctor schlasticus*, é um filósofo dialético, aberto à discussão e ao confronto entre os autores. Bernardo vai à universidade de Paris para fazer uma conferência na qual contesta os ensinamentos de Abelardo, intimando os estudantes a não frequentar suas lições. Ele obtém a condenação do adversário, que se refugia na abadia de Cluny, protegido pelo clarividente abade Pedro, o Venerável (1092-1156). Este conseguirá obter a remoção da excomunhão e levar os dois contendentes a se reconciliarem.

Por fim, nesta pequena seleção de obras, vamos dar atenção particularmente ao que foi definido como o exame de consciência de um papa: o tratado *Sobre a reflexão*, dedicado a Eugênio III. Bernardo convida o papa a não se esquecer de si mesmo, mantendo, apesar dos múltiplos compromissos, uma vida interior como a que ele viva no mosteiro; de fato, como sabemos, o papa foi monge e no momento da eleição era abade de Tre Fontane em Roma. Para manter o equilíbrio requerido pelo prestigioso encargo é necessária a reflexão, que garante a medida na prática das virtudes. O papa deverá sempre refletir sobre quem é o homem nas diversas fases da história: a criação, o pecado original, a redenção. A reflexão sobre a fragilidade humana ajuda a redimensionar, diríamos hoje, todo e qualquer problema. O papa também é responsável pelos seus súditos, sobre os quais deve vigiar e também corrigir. Em síntese, o que se requer e o que não deve existir no candidato ao papado? Bernardo responde: “Se é douto, que nos ensine; se é santo, que reze por nós; se é prudente, que nos governe”.

O ápice da obra refere-se ao conhecimento de Deus, que pede fé e razão: “A fé alcança uma verdade obscura e velada, a inteligência, uma verdade clara e manifesta”. Mas a inteligência não é suficiente para alcançar a Deus (aqui ele contesta a dialética): é necessária uma vida santa.

A tradição atribui-lhe a paternidade do hino sacro *Jesu dulcis memoria* [da festa do Santíssimo Nome de Jesus] e da última invocação da Salve Rainha: “Ó clemente, ó piedosa, ó doce Virgem Maria”.

3.3. As místicas

Nesta altura, a cronologia dos doutores da Igreja na Idade Média nos propõe Hildegarda de Bingen, mística, teóloga, cientista, musicóloga e fitoterapêutica, cuja fama continua a crescer nos nossos dias. Foi necessária a clarividência de seu conterrâneo, Bento XVI, para declará-la doutor da Igreja. Também o último doutor medieval é uma mulher, que viveu dois séculos depois de Hildegarda: Catarina de Sena. Ela tem a ousadia de ir a Avinhão para convencer o papa a voltar para Roma. Ambas se acomunam por rara profundidade de pensamento, por experiências extáticas que inspiram as obras e pela determinação na vida prática que as leva a participar ativamente dos acontecimentos históricos da própria época. Depois de Catarina, será preciso esperar o século XVI para encontrar novos doutores da Igreja.

3.3.1. Hildegarda de Bingen

Em 1979, a Conferência Episcopal Alemã apresentou a João Paulo II a solicitação de declarar Hildegarda de Bingen doutor da Igreja, seguida pela solicitação do mosteiro de Eibingen, mas será necessário esperar um papa alemão para que a causa seja tomada na devida consideração. Bento XVI a confia à Congregação para as Causas dos Santos, dispensando-a de pedir o parecer favorável da Congregação para a Doutrina da Fé, "tratando-se de uma famosa mestra de teologia, que foi objeto de muitos e autorizados estudos". No dia 10 de maio de 2012 chega o parecer favorável da Congregação dos Santos e na mesma ocasião o papa assina a carta que decreta sua canonização equipolente.

O nome da monja já estava inscrito no Martirológio Romano, mas nunca tinha sido declarada santa, talvez porque sua morte tenha ocorrido no período histórico em que as canonizações passaram da autoridade dos bispos à do papa. A canonização equipolente – ou equivalente – é uma forma de canonização introduzida por Urbano VIII (1623-1644) e definida por Bento XIV (1740-1758), que prevê o reconhecimento do culto de um servo de Deus ou de um beato mediante a inserção direta da memória litúrgica no Calendário Geral, por autoridade do papa. Por exemplo, em 2015, o papa Francisco usou esta forma para canonizar João XXIII, sem aguardar um novo milagre após a beatificação.

No dia 27 de maio, durante o *Regina coeli*, o papa anuncia que no dia 7 de outubro, no início do sínodo sobre a nova evangelização, proclamaria doutores da Igreja João de Ávila e Hildegarda de Bingen, "autêntica mestra de teologia e profunda estudiosa das ciências naturais e da música". Trata-se das primeiras declarações doutorais do terceiro milênio. Na homilia de 7 de outubro, o papa recorda que Hildegarda participou ativamente do crescimento da Igreja, sabendo discernir os sinais do tempo com espírito profético e gozando de estima e grande ascendência; e no mesmo dia publica a carta apostólica *Lux sui Populi* (Luz de seu povo). João Paulo II tinha escrito uma carta ao bispo de Mogúncia, a diocese em que viveu Hildegarda, por ocasião do oitavo centenário de sua morte, recordando que ela tinha sido definida "profetiza da Alemanha" e afirmando que ainda hoje "parece dirigir-se apaixonadamente aos cristãos e não cristãos de seu povo".

Hildegarda nasce em 1098 em Bermersheim von der Höhe, na Renânia; com 8 anos é confiada ao mosteiro beneditino de Disidodenberg e se dedica ao estudo dos pais da Igreja, particularmente de Agostinho de Hipona. Em 1136 torna-se priora e fundará dois novos mosteiros: em Bingen (1150), para onde se transfere e ali permanecerá até a morte em 1179, e em Eibingen (1165), sobre a margem oposta do Reno, onde repousam seus restos mortais.

A participação na vida da Igreja a que se referiu Bento XVI foi solicitada a Hildegarda diretamente por Bernardo de Claraval e pelo papa Eugênio III. Os dois doutores do século XII, Bernardo e Hildegarda, portanto, mantêm contato entre si e compartilham sua experiência espiritual. Ambos são frágeis de saúde, mas, apesar disto, sua vida não se restringe ao mosteiro, pelo contrário, eles se movem fora dele, para ocupar-se diretamente com questões de sua época, por meio da pregação pública e de escritos, em particular com muitas cartas a figuras eminentes do mundo eclesial e político. Chama atenção saber que uma monja, naqueles tempos, prega nas praças e nas grandes catedrais, por exemplo, em Colônia, Trévis e Mogúncia!

Nos últimos anos de vida ela já goza de fama de santidade e suas palavras são consideradas inspiradas. Apesar disso, em 1178, junto com suas monjas, ela é vítima de um interdito dos cônegos de Mogúncia, com a proibição de receber os sacramentos, por ter dado sepultura a um cavaleiro que Hildegarda sabia ter-se confessado antes de morrer, não, porém, que fora excomungado. Aliás, uma visão tinha assegurado a ela que estava agindo corretamente com seu ato de piedade. A monja vai até o cabido da catedral, embora o bispo esteja ausente, para explicar o acontecido, mas os cônegos estão decididos a confirmar o interdito, pois uma simples confissão não é considerada suficiente para cancelar uma excomunhão. Hildegarda escreve ao bispo, que encarrega um seu colega de Colônia para acompanhar o episódio: no ano seguinte tudo termina com a remoção do interdito, poucos meses antes de sua morte.

Desde pequena ela tem visões místicas, que a acompanharão por toda a vida e que ela referirá em suas obras. No *Scivias*, obra em que descreve a luta entre a luz e as trevas no cosmo e no ser humano, narra suas visões sobre os sacramentos que transformam o homem e sobre o reino de Deus presente na terra, conta ter ouvido uma voz:

> "Eu, a luz viva que afugenta a escuridão, fiz estremecer misteriosamente o ser humano que eu quis e o coloquei em meio às coisas grandes, extremamente maravilhosas. Tu, portanto, ó ser humano, que recebes estas revelações, escreve o que vês e sentes, não com a inquietação do engano, mas com a pureza da simplicidade".

Obedecendo ao convite, Hildegarda revela:

"Então eu comecei a escrever, atormentada por muitas enfermidades; eu disse e escrevi estas coisas, não segundo a percepção do meu coração ou o de outro homem, mas como eu as vi nos céus e as recebi através dos mistérios de Deus".

Durante o sínodo de Trévis, celebrado entre o fim de 1147 e o início de 1148, Eugênio III, na presença de seu mentor Bernardo de Claraval, reconhece a autenticidade das visões, afirmando que provêm do Espírito Santo.

Hildegarda deixou-nos muito escritos, composições musicais e miniaturas, que até hoje são objeto de estudo e exercem um indiscutível fascínio. Recordamos particularmente a trilogia teológica ou profética, cujo primeiro texto é *Conhece os caminhos,* mais conhecido como *Scivias*. Também no *Livro dos méritos da vida* exprime sua visão cósmica, no centro da qual está o ser humano, que deve constantemente optar pelas virtudes ou pelos vícios, a fim de evitar as penas do purgatório. O *Livro das obras divinas* fala da força vital que se encontra no centro do universo: a *viriditas* (a energia que faz reverdecer), visível nas plantas e invisível, mas presente por toda parte. Com a encarnação, o Verbo de Deus nutriu a humanidade com a *viriditas*, restaurando a harmonia primordial entre alma e corpo, entre homem e cosmos. Ela escreve: "A alma é a *viriditas* do corpo; a alma opera por meio do corpo e o corpo por meio da alma; esta é todo o patrimônio do homem". Uma miniatura deste texto, definida como homem universal, antecipa o homem vitruviano de Leonardo da Vinci, situando a figura humana em meio a alguns círculos concêntricos.

Hildegarda conhece o poder curativo das ervas e também das pedras, por isto, de alguns decênios para cá, ela foi redescoberta por quem se ocupa com remédios terapêuticos naturais. Suas composições musicais são ainda atualmente executadas e apreciadas.

3.3.2. Catarina de Sena

Fiquei impressionado quando, num mosteiro de Monte Mário, em Roma, me mostraram uma das mãos de Catarina de Sena. Seu corpo repousa na capital, na basílica de Santa Maria *sopra* Minerva, não distante do túmulo do Beato Angélico, mas algumas partes de seu corpo foram separadas para serem expostas à veneração em outros lugares. O crânio está em Sena, na basílica de São Domingos, e um pé está em Veneza, na basílica dos santos mártires João e Paulo.

Esta descrição um tanto macabra das relíquias de Catarina nos remete à sua popularidade. Ela é padroeira da Itália, junto com Francisco de Assis, e da Europa, junto com Bento de Núrsia, Cirilo e Metódio, Brígida da Suécia e Teresa Benedita da Cruz (Edit Stein). Paulo VI a declara doutor da Igreja em 4 de outubro de 1970, uma semana depois de Teresa d'Ávila: as duas santas dividem entre si o primado de serem as primeiras mulheres a receberem o título de doutor da Igreja. À hora do *Angelus*, o papa diz:

> "Ouçamos comovidos a voz virginal e vibrante de santa Catarina de Sena, que desde seus êxtases e seus empreendimentos, nos grita: sangue e fogo; o Sangue de Cristo e o fogo do Espírito de Cristo".

No mesmo dia publica a carta apostólica *Mirabilis in Ecclesia Deus* (Admirável é Deus na Igreja). Como sabemos, o papa tinha obtido o voto favorável por parte da Congregação dos Ritos e em 1968 acolheu a solicitação em favor do doutorado apresentada pelo mestre-geral da Ordem dos Dominicanos e, a seguir, de muitos cardeais, bispos, superiores-gerais e reitores de universidades. A Congregação dos Santos expressou seu parecer favorável no fim de 1969.

Catarina Benincasa nasce em Sena em 1347. Desde menina mostra aptidões para a vida contemplativa, desejando seguir o exemplo das "mães" e dos padres da Igreja do deserto egípcio. Em 1363 começa a fazer parte das terciárias da Ordem Dominicana, não acatando a vontade dos pais que já tinham acertado para ela um casamento. Assiste aos doentes, inclusive os leprosos, dedicando o resto de seu tempo à oração e à penitência. Em 1367 tem uma visão em que Cristo lhe dá o anel nupcial. Sempre em visão, em 1360 o Senhor a convida a empreender um apostolado ativo. Para isso ela pede e obtém o parecer positivo do mestre-geral da Ordem Dominicana, dado que não se tratava de uma tarefa concedida às mulheres; de uma vida retraída, Catarina passa a ocupar-se dos acontecimentos eclesiais de sua época, intervindo em primeira pessoa, mediante viagens, discursos e cartas, mas sem abandonar o serviço aos doentes e a intensa vida de oração.

Em 1375, enquanto se encontra em Pisa para pregar uma nova cruzada, recebe os estigmas, fenômeno até então provado somente por Francisco de Assis, e pede a Deus que eles sejam invisíveis, como ela mesma conta: "Que não apareçam estas cicatrizes ao externo do meu corpo". Fenômenos míticos e apoio a uma guerra de libertação da Terra Santa são fatos dificilmente compreensíveis e também complicados a entrelaçar, mas aqui nos limitamos a referi-los, sabendo que os juízos históricos não estão isentos de erros.

Provavelmente as ações mais conhecidas de Catarina são as que promovem a paz entre a República Florentina e os Estados Pontifícios, e aquela em favor do retorno do papa à Itália. Recordando a visão de Cristo vestido como sumo pontífice, recebida quando tinha somente 6 anos, em 1376 vai a Avinhão para encontrar-se com Gregório XI, junto ao qual permanece três meses, conseguindo convencê-lo a voltar para Roma. Antes já tinha escrito a ele em tom decidido, como se percebe pelo início da carta: "Reverendo pai em Cristo, doce Jesus. Eu, Catarina, vossa indigna filha, serva e escrava dos servos de Jesus Cristo, escrevo a vós no seu precioso

Sangue; com o desejo de ver-vos homem viril e sem nenhum temor servil". Catarina se transfere para Florença, onde pacifica a cidade com o novo papa Urbano VI. Este, em novembro de 1378, convida-a a ir ter com ele em Roma, pois foi eleito um antipapa e lhe pede que intervenha no consistório. Narra-se que os cardeais se persuadiram com suas palavras e reencontraram a força para apoiar o papa legítimo: "Jamais um homem falou assim. Sem dúvida esta não é uma mulher que fala, mas o Espírito Santo". Catarina permanece em Roma, fazendo de conselheira do papa; morre em 29 de abril de 1380.

João XXIII escreverá: "As *Cartas* e o *Diálogo* são e serão, também no futuro, como um ameníssimo jardim de Deus, no qual difundem perfumes balsâmicos os segredos celestes, a excelsas virtudes e as amáveis exortações". Catarina dita quase todas as suas obras, menos algumas cartas. Seu epistolário, publicado em 1500, compreende mais de trezentos e cinquenta textos e, em apêndice, traz uma antologia de *Orações*, pronunciadas durante os êxtases e transcritas por seus discípulos e colaboradores. Sua obra-prima é o *Diálogo da Divina Providência*, que ela dita aos mesmos em 1378, em língua vulgar. Será impresso em 1472, uns dez anos após a canonização de Catarina, e terá notável divulgação.

A parte central do *Diálogo* contém a assim dita doutrina da ponte e se inspira em parte numa obra de João Clímaco, monge do século VII junto ao Monte Sinai, intitulada *A escada do paraíso*. A ponte representa Cristo, caminho para a verdade, em contraposição ao rio da mentira, caminho de quem escolhe o mundo. Quem atravessa essa ponte passa da margem da terra para a margem do céu. Três grandes escadas representam os pés, o peito e a boca de Cristo, e correspondem às potências da alma (intelecto, vontade e memória) e aos estados da alma (amor imperfeito, perfeito e perfeitíssimo). "Na primeira escada, levantando-se da terra com os pés do afeto, a alma se despe do vício; na segunda, veste-se de amor e de virtude; na terceira, finalmente saboreia a paz". As pedras que constituem a ponte são as virtudes e a casa que está em cima é a Igreja.

Quanto à divina providência, no *Diálogo*, Deus Pai, segundo Catarina, afirma: "Eu quero usar misericórdia com o mundo e cuidar da criatura dotada de razão em todas as suas necessidades". A providência é expressa particularmente pela criação e pela redenção, mas também pela lei e pelos sacramentos. Não age de forma genérica, mas em favor dos seres humanos; muitas vezes, porém, eles a contaminam com suas ações e a interpretam segundo sua pequena inteligência. Ao passo que Deus providencia a todos de forma perfeita, tanto é que não falta nada e nada se pode acrescentar.

No centro de todos os ensinamentos de Catarina está a humanidade de Cristo; ela identifica a Igreja com o próprio Cristo e, servindo-a, sente que está servindo seu Senhor. Apesar de ter tocado com as próprias mãos a fragilidade dos pontífices, define o papa «doce Cristo na terra", ao qual se deve obedecer como ao Senhor.

3.4. Os doutores das ordens mendicantes

Entre as duas místicas, encontramos quatro teólogos: dois franciscanos, Antônio de Pádua e Boaventura de Bagnoregio, e dois dominicanos, Alberto Magno e Tomás de Aquino. Os quatro, portanto, pertencem às ordens mendicantes, fundadas por Francisco de Assis (1182-1226) e Domingos de Gusmão (1170- 1221), para renovar e em certo sentido reconstruir a Igreja. Vivem e trabalham durante o século XIII, em linhas teológicas paralelas e às vezes contrapostas, comentando a Bíblia, lutam contra os hereges, compõem obra filosóficas, teológicas e místicas. São professores universitários nas faculdades mais famosas da Europa e incidem de forma determinante na cultura ocidental.

Antônio é um grande pregador, goza de fama de santidade e morre muito jovem. Boaventura e Alberto são bispos e ambos acabam renunciando ao encargo. Tomás, considerado já em vida o maior teólogo da época, morre enquanto está de viagem para Lião, onde deveria participar do concílio de 1274 como perito. Ao passo que do concílio participa o idoso Alberto e Boaventura, mas este morre durante a assembleia conciliar.

3.4.1. Antônio de Pádua

Fernando Martins de Bulhões nasce em Lisboa em 1195 e com 15 anos entra para a Ordem Agostiniana. Recebe ótima formação teológica e bíblica, que continua a cultivar com grande empenho também depois da ordenação presbiteral. Enquanto está em Coimbra, chegam os corpos de cinco franciscanos martirizados no Marrocos. Fernando sente-se impressionado pelo seu testemunho e em 1220 decide passar para a Ordem dos Frades Menores, assumindo o nome de Antônio, em memória do grande pai dos monges do deserto. Logo após seu novo ingresso, recebe a autorização para ir ao Marrocos com outro frade, desejando evangelizar uma terra de maioria muçulmana e sentindo-se pronto para o martírio. Por motivos de saúde, porém, depois de poucos meses é obrigado a voltar para Coimbra, mas uma tempestade desvia seu navio para a Sicília. Os dois frades encontram hospitalidade num convento de confrades em Milazzo, onde passam alguns meses, para depois se dirigirem a Assis, onde Francisco de Assis convocou um capítulo geral, que passará à história como o capítulo das esteiras. Na primavera de 1221, Antônio tem a oportunidade de ouvir Francisco e de conhecê-lo pessoalmente. Terminado o capítulo, Antônio é enviado a um eremitério perto de Forlì. Em 1222 é chamado a substituir um pregador ausente e faz um discurso na catedral durante um rito de ordenações presbiterais. O bispo e todos os presentes ficam fascinados com as palavras de Antônio, que a partir de então receberá o encargo de pregar em diversos lugares.

Em 1223, em Bolonha, funda a primeira escola teológica franciscana, com a aprovação do próprio Francisco, que o define "meu bispo". Antônio é o primeiro professor de teologia da Ordem. No ano seguinte é enviado à França meridional para confutar os cátaros e albigenses, conquistando-se o apelativo de "martelo dos hereges". Participa ativamente de alguns sínodos e depois é nomeado superior de um convento em Le Puy.

Depois da morte do fundador, Antônio volta para a Itália e é nomeado ministro provincial da Itália setentrional, encargo que prevê contínuas visitas aos conventos do território. Escolhe o convento de Pádua como sua residência referencial entre uma viagem e outra. Depois de um triênio de seu mandato, finalmente pode parar, mas a morte o colherá um ano depois, no dia 13 de junho de 1231, em Arcella, perto de Pádua.

Os ensinamentos de Antônio estão contidos nas coletâneas de *Sermões*, redigidos em latim, embora ele costumasse pregar em linguagem popular. Comenta os textos bíblicos que se usam nas celebrações litúrgicas, para uso dos pregadores da Ordem, e interpreta-os de acordo com a exegese patrística, procurando fazer interiorizar os textos e levar o leitor a uma experiência de encontro com Deus. Cita os padres da Igreja proclamados doutores e também autores clássicos. Escreve na introdução geral:

> "Como na quadriga há quatro rodas, assim nestes sermões são tratadas quatro matérias, quer dizer, os Evangelhos dominicais, as narrações do Antigo Testamento como são lidas na igreja, os introitos [antífonas da entrada] e as epístolas [cartas] da missa dominical".

A referência é ao carro de fogo que levou para o céu o profeta Elias, como narra o Segundo Livro dos Reis. Antônio construiu a quadriga "a fim de que nela a alma seja elevada das coisas terrenas e levada, como o profeta Elias, para o céu, por meio da assiduidade na meditação das coisas celestes".

Antônio será definido como "arca do Antigo e do Novo Testamento", pela sua capacidade de extrair tesouros de ambas as partes das Bíblia, como o escriba do Evangelho. Mas é recordado também pelo seu amor aos pobres, tanto que muitas vezes é representado com um Evangelho numa das mãos e um pedaço de pão na outra. Ele mesmo escreve a respeito da necessidade das boas obras:

> "A pregação é eficaz, tem eloquência concreta, quando as obras falam. Cessem, peço-vos, as palavras, falem as obras. Infelizmente somos ricos de palavras e vazios de obras

e, assim, somos amaldiçoados pelo Senhor, porque ele amaldiçoou a figueira na qual não encontrou fruto, mas só folhas".

Com este objetivo cita Gregório Magno: "Uma lei seja imposta ao pregador: que pratique o que prega". Nas representações, com frequência aparece também com o Menino Jesus sentado sobre o livro dos Evangelhos, para recordar uma visão que teve em Camposampiero, perto de Pádua, mas também para acentuar o sentido cristológico de sua exegese.

Pio XII declarou Antônio doutor da Igreja no dia 16 de janeiro de 1946, publicando a carta apostólica *Exulta, Lusitania felix; ou felix Padua, gaude* (Exulta, feliz terra de Portugal; ou feliz Pádua, alegra-te), na qual recorda que no dia da canonização, 30 de maio de 1232, Gregório IX cantou a antífona própria dos doutores da Igreja. Na época não tinha sido ainda proclamado formalmente doutor, mas a praxe de venerar Antônio na liturgia como tal é, portanto, antiga e sempre continuada.

No sétimo centenário da morte e da canonização de Antônio, em 1931, Pio XI escreve a carta apostólica *Antoniana sollemnia* (As festas antonianas), mas este papa não chega a declará-lo doutor da Igreja, apesar de suas quatro proclamações, entre as quais a de Alberto Magno no mesmo ano. A propósito, o papa Pio XI foi um dos pontífices mais ativo em declarações doutorais; nisto só é precedido por Pio V, com cinco declarações, e empata com Bonifácio VIII e Leão XIII; em seguida, vem Pio IX com três declarações. Em 1936 chega à Congregação dos Ritos o pedido formal da Ordem dos Frades Menores para declarar Antônio doutor da Igreja; embora tanto a comissão teológica como a congregação cardinalícia emitam parecer afirmativo, todavia, não há um parecer unânime; assim, no dia 8 de julho de 1936 Pio XI congela a causa.

Em 1945 é apresentada uma nova *positio*, isto é, um estudo documentado da causa: de novo há o parecer positivo, mas falta a unanimidade das duas instituições; entretanto, em 22 de junho Pio XII aprova o pedido da Ordem dos Frades Menores. O pedido é apoiado por novas solicitações de cardeais, bispos, superiores-gerais, universidades e associações. Antes, em 1886, tinha sido feita uma primeira solicitação, quando Leão XIII já tinha declarado dois doutores, dos quatro proclamados por ele, mas a causa de Antônio não teve bom êxito, provavelmente porque não provinha de uma instituição, mas do presbítero Antônio Locatelli, fundador de uma associação dedicada a Antônio de Pádua.

Graças a Pio XII completa-se o quadro dos quatro doutores das ordens mendicantes no século XIII, em que pese o fato de Antônio não ter apresentado uma doutrina teológica sistemática como os outros três, verdadeiro motivo pelo qual sua causa foi freada antes. João Paulo II escreverá uma carta às Famílias Franciscanas por ocasião do oitavo centenário do nascimento de Antônio (1995) e uma ao presidente de turno da União dos Ministros Gerais Franciscanos por ocasião dos cinquenta anos da atribuição do título de doutor da Igreja a Antônio (1996). Também o papa Francisco valorizará um aniversário antoniano: o oitavo centenário de sua vocação franciscana (2020). Numa carta dirigida aos frades menores conventuais, o papa faz votos de que os franciscanos e os muitos devotos do santo desejem experimentar "a mesma santa inquietação que conduziu Antônio pelas estradas do mundo para testemunhar, com a palavra e as obras, o amor de Deus".

3.4.2. Alberto Magno

Alberto de Bollstädt nasce em torno de 1200 em Lauingen, na Suábia, numa família nobre. Dotado de raras qualidades intelectuais, estuda na universidade de Pádua e em outros prestigiosos ateneus europeus. Em 1223 entra para a Ordem Dominicana e é encarregado de ensinar teologia em algumas universidades alemãs pelo imediato sucessor de Domingos de Gusmão, Jordão da Saxônia. Em 1240 é enviado a Paris, onde em 1246 chega Tomás de Aquino, que se torna seu aluno e dois anos depois irá com Alberto para Colônia. Aqui Alberto se torna reitor da escola teológica dominicana e Tomás, seu assistente. Alberto de Colônia (como é conhecido) adquire uma fama extraordinária a ponto de ser chamado Magno, já em vida.

Em 1254 é nomeado superior da Ordem para a Alemanha. Dois anos depois vai a Roma, onde o papa Alexandre IV, que tinha estudado em Paris, convida-o a permanecer alguns anos como teólogo pontifício. Em 1260 o mesmo pontífice o nomeia bispo de Ratisbona, cargo do qual já se demite dois anos depois, dado que não corresponde às suas aptidões, e volta a Colônia, onde retoma o magistério e se dedica à pesquisa. Quem sabe se Bento XVI não pensou em seu conterrâneo Alberto, quando renunciou ao papado? Ratzinger ensinou em Ratisbona e para ali voltou como papa em 2006 para uma *lectio magistralis*, intitulada: "Fé, razão e universidade. Lembranças e reflexões". Seguiram-se críticas por parte do mundo islâmico por causa da citação de um escrito de Manuel II Paleólogo, imperador bizantino (1391-1425), que afirmava que Maomé teria realizado somente coisas más e desumanas. O papa não tinha feito próprias estas expressões, como teve posteriormente que explicar, diante de um mal-entendido que girou o mundo.

No tempo de Alberto Magno difundem-se as obras de Aristóteles, graças às traduções e aos comentários dos filósofos árabes, e ele não somente se mostra interessado, até mesmo propõe-se torná-las conhecidas e compreendidas também no mundo da cultura latina. Defensor de uma relação fecunda entre fé e razão, encontra na metafísica do filósofo grego uma boa compatibilidade com o pensamento cristão, diversamente de outros teólogos de sua época, realizando uma autêntica revolução cultural, como afirma Bento XVI, revolução que será elaborada de modo pleno por seu aluno Tomás. Filosofia e teologia são disciplinas distintas e devem permanecer separadas, dado que uma se funda sobre a razão e outra sobre a revelação divina, mas ambas concorrem para afirmar a verdade como a categoria mais elevada.

Também as ciências naturais devem gozar de autonomia em relação à teologia, diversamente de quanto afirma Boaventura; inclusive é a filosofia de Aristóteles que fornece os instrumentos para estudar cientificamente o ser humano e a natureza. Uma conhecida frase de Alberto resume seu pensamento, segundo o qual "é preciso crer em Agostinho mais do que nos filósofos no que tange à fé e aos costumes. Mas se se trata de medicina, eu acreditaria mais em Hipócrates e Galeno, e se se trata de física, creio em Aristóteles, porque é ele que conhece otimamente a natureza". João Paulo II retoma este pensamento em Colônia no dia 15 de novembro de 1980, encontrando-se com cientistas e estudantes no sétimo centenário da morte de Alberto, que "reconheceu a autonomia e a independência das ciências e tomou posição a favor da liberdade de pesquisa".

A tradição lhe atribui o título de *doctor universalis*, porque seu saber abrangia diversos domínios. Pio II (1458-1464) dirá dele que sabia tudo o que se podia saber e que não ignorava nenhum tipo de doutrina. Alberto escreve comentários a alguns textos bíblicos e alguns textos encomiásticos dedicados a Maria. Estuda a alma do ser humano, as capacidades intelectuais, os processos oníricos, a aprendizagem mnemônica. Ocupa-se de ciências naturais, da geografia à astronomia, da física à zoologia, publicando numerosos tratados. Mas o termo "universal" na sua filosofia tem uma referência precisa e se situa no contexto da famosa disputa sobre os "universais" que remonta ao século anterior: as propriedades dos seres e as qualidades com que nós os definimos existem nos próprios seres, antes da existência dos seres (e aqui se abre o tema da existência de Deus) ou depois dos seres, isto é, no conhecimento humano? Alberto encontra uma conciliação entre essas possibilidades: Deus é o intelecto universal que precede todos os seres, que age no mundo e é causa de todo ser. No intelecto de Deus estão presentes as formas universais que ele reproduz na matéria criada.

A posição de Alberto, como aconteceu com Anselmo de Aosta, fica inconciliável com a posição dos nominalistas, para os quais os "universais" são puros nomes que não têm correspondência na realidade. Talvez alguém se recorde da frase *nomina nuda tenemus* (dispomos só de nomes), citada no filme *O nome da rosa* de Umberto Eco. O romance está ambientado no século seguinte, e um dos protagonistas, Guilherme de Baskerville (no filme, interpretado por Sean Connery) remete ao teólogo franciscano Guilherme Occam (1288-1347), chamado *doctor singularis et invincibilis*, famoso pela assim dita "navalha", princípio de simplificação que comporta também a eliminação dos "universais".

Entre as principais obras filosóficas de Alberto recordamos a *Metafísica*, que contém o comentário do texto homônimo de Aristóteles. Entre as obras teológicas recordamos: os comentários às *Sentenças* de Pedro Lombardo e aos escritos de Dionísio, o Areopagita, e a *Summa Theologiae*, uma obra sistemática que se revela superior à do próprio Pedro Lombardo (1100-1160+-), qualificado como *doctor magister sententiarum,* e que representa um ponto de transição para a *Suma Teológica* de Tomás de Aquino. Na *Summa* (isto é, síntese; hoje diríamos manual), Alberto afirma que a teologia é uma ciência, mas que deve ser estudada com a oração e o afeto, legitimando a componente emotiva, que colabora em conduzir à sabedoria. Em 1270 defende Tomás numa disputa contra os averroístas e em 1274 participa do concílio de Lião, onde vem a saber que seu grande discípulo tinha desaparecido prematuramente. Alberto morre em Colônia em 1280, depois de longo período de enfermidade mental.

Alberto é beatificado em 1622 por Gregório XV, mas passarão mais três séculos até chegar à canonização e à declaração de doutor da Igreja. Uma solicitação oficial é apresentada a Pio IX pelo episcopado alemão durante o concílio Vaticano I (1869-1870), mas a interrupção do concílio não permitiu a instrução da causa. É Pio XI que acolhe as novas solicitações por parte de cardeais, bispos, superiores de ordens religiosas, faculdades universitárias, particularmente por parte do mundo católico alemão em geral. Com a bula *In thesauris sapientiae* (Entre os tesouros da sabedoria) de 16 de dezembro de 1931, o papa procede à canonização equipolente e à declaração de Alberto doutor da Igreja. O documento afirma que entre os doutores medievais é particularmente a Alberto Magno que se deve o mérito de ter transmitido "as riquezas da cultura científica dos antigos às escolas do seu tempo". Exatamente dez anos depois, Pio XII o declara patrono dos cultores das ciências naturais.

3.4.3. Boaventura de Bagnoregio

Um dos lugares mais sugestivos do convento de La Verna é a capela de São Boaventura, cavada na rocha, que foi a cela na qual ele compôs uma de suas obras mais conhecidas: *Itinerarium mentis in Deum* (Itinerário da mente a Deus). Quando Boaventura ali chegou, levou junto um sino, que ainda está em uso atualmente, pedindo aos frades que o soassem três vezes ao dia em honra da Virgem Maria: é a origem do *Angelus*.

João Fidanza [este era seu nome] nasce em Civita di Bagnoregio, provavelmente em 1217. Estuda inicialmente num convento franciscano próximo e depois na universidade de Paris. Nesta cidade, entra para a Ordem dos Frades Menores, assumindo o nome de Boaventura, porque, conta-se, São Francisco o tinha curado de uma grave enfermidade quando era pequeno, predizendo-lhe uma "boa ventura". Em 1253 é confiada a ele a cátedra franciscana de teologia; logo é envolvido na disputa entre os mestres provenientes do clero secular e os pertencentes às ordens mendicantes, a propósito dos privilégios que a Santa Sé concedia aos religiosos. Na universidade, na metade do século XIII, são instituídas duas cátedras de teologia por contrato com os dominicanos e os franciscanos, o que provoca o surgimento de tensões com os professores do clero secular, que acusam os mendicantes de não se interessarem pela corporação do ateneu, mas só pensarem nos interesses de suas ordens, às quais juraram obediência. Precisamente em 1253, alguns mendicantes foram suspensos do magistério porque se recusaram jurar obediência aos estatutos universitários, mas também porque alguns franciscanos seguiam as doutrinas de Joaquim da Fiore (+-1130-1202), que tinham sido condenadas. Dois anos depois, o papa Alexandre IV reabilita os mendicantes e excomunga os seculares que se opõem à sua decisão. Boaventura recebe o título pleno de professor, como também Tomás de Aquino.

Em 1257 deve renunciar à prestigiosa cátedra universitária porque é eleito ministro-geral da Ordem, sétimo sucessor de Francisco de Assis, mantendo o cargo até a morte. Em 1265 é nomeado bispo de York por Clemente IV, mas depois de somente onze meses, consegue convencer o papa a aceitar a sua renúncia, como fizera Alberto Magno quatro anos antes. Em 1273, Gregório X o obrigará a aceitar a púrpura cardinalícia, com o título de bispo de Albano. Os dois se conhecem há muitos anos e o papa poderá contar com a ajuda de Boaventura que, porém, não viverá muito tempo.

Em 1274 participa do concílio de Lião, que ele tinha preparado por encargo do papa, mas morre durante a reunião. É sepultado no convento franciscano da cidade. Na metade do século XV seus restos mortais serão transladados para uma igreja nova dedicada a São Francisco, na própria cidade de Lião. Na parte dedicada a Tomás de Aquino, veremos paralelamente o iter para o doutorado e as citações de alguns papas.

Diversamente de Alberto Magno, Boaventura defende que a filosofia não deve pretender ser autônoma em relação à revelação, como a teologia, desposando a linha agostiniana. Ele contesta o aristotelismo que os mestres dominicanos difundem, aceitando somente alguns conceitos. Mesmo quando ministro-geral da Ordem, volta algumas vezes a Paris precisamente para intervir nos debates universitários a respeito destes temas. Ele funda o conhecimento da verdade na iluminação divina concedida aos seres humanos, seguindo nisto a filosofia neoplatônica.

Escreve obras teológicas, como as *Quaestiones disputatae* sobre vários argumentos (Trindade, Cristo, os anjos), o *Breviloquium* (sobre a criação e o tempo) e os comentários às *Sentenças* de Pedro Lombardo; obras exegéticas, como o *comentário ao Evangelho de João*; sermões, dentre os quais os mais conhecidos são os dominicais; obras espirituais, especialmente o *Soliloquium* (dialogo entre o homem e sua alma); obras franciscanas, como as constituições gerais da Ordem e a biografia oficial de São Francisco, denominado *Legenda Maior*, que foi a fonte principal de inspiração para o ciclo pictórico de Giotto na basílica superior de Assis.

Vejamos o *Itinerarium mentis in Deum*, onde trata dos graus a atravessar para chegar a Deus, o que ocorre sempre graças à sua iluminação. Antes de tudo é preciso considerar o mundo como uma escada para subir a Deus, à imitação de Francisco de Assis. Este ensinou que tudo é sinal de Deus, como ele expressou no *Cântico do irmão sol*. Boaventura escreve: "De ti, Altíssimo, é sinal». Boaventura também escreve: «Todas as coisas deste mundo sensível conduzem a Deus a alma do sábio e de quem contempla, porque são sombras, ecos, pinturas do primeiro princípio». Este é o primeiro grau: fora de nós. O segundo grau se define: dentro de nós. Deve-se fazer a passagem do mundo exterior para o mundo interior: "Considera as três operações e as relações recíprocas das três potências da alma e poderás ver Deus em ti mesmo, como na sua imagem". Isto acontece de dois modos, graças à filosofia, ou misticamente, mediante a graça e a fé. O terceiro grau, acima de nós, leva a alma, reflexo da Trindade, a elevar-se a Deus, contemplando a essência divina ou as propriedades das pessoas divinas. O ápice do itinerário da mente a Deus é o êxtase, no qual "o intelecto encontra seu repouso e o nosso afeto passa totalmente para Deus". Boaventura, escrevem alguns biógrafos, não quis elaborar um itinerário teórico, mas testemunhar sua experiência pessoal.

A tradição lhe atribuiu o título de *doctor seraphicus*, que remete a São Francisco e à sua Ordem. Este, em 1224, tinha recebido os estigmas por meio de um serafim em La Verna e ali Boaventura escreveu sua obra-prima em 1259.

3.4.4. Tomás de Aquino

Tomás nasce em 1225 em Roccasecca, na divisa entre o Lácio e a Campânia, da família dos condes de Aquino; com apenas 5 anos é confiado à abadia de Montecassino para a formação. A abadia, porém, atravessa um momento de decadência e Tomás, com cerca de 15 anos de idade, é orientado pelo abade, o tio Sinibaldo, a continuar os estudos em Nápoles, na universidade recentemente fundada por Frederico II da Suábia. Ele entra na Ordem Dominicana com cerca de 20 anos de idade, causando o desapontamento de seus pais, que esperavam que ele se tornasse o abade de Montecassino. Sua família chega a fazê-lo sequestrar e levar para um castelo, onde é obrigado a viver por dois anos, embora em situação confortável. Dado que Tomás não se dobra à vontade dos pais, estes o deixam voltar para Nápoles e os dominicanos o enviam a Paris, onde em 1246 se torna aluno de Alberto Magno que, como sabemos, o levará para Colônia.

Em 1252, pouco depois da ordenação presbiteral, torna-se o mais jovem professor da universidade de Paris, onde ousa ensinar a filosofia de Aristóteles, na qual o iniciou seu mestre. Depois de alguns anos é enviado a Orvieto, onde encarrega o dominicano Guilherme de Moerbeke de traduzir para o latim algumas obras de Aristóteles (entre as quais a *Metafísica* e a Ética a *Nicômaco*) que depois ele comentará, também porque está convencido de que os árabes o tinham interpretado de forma discutível. Ao mesmo frade pede para traduzir os textos principais dos padres da Igreja gregos, que ainda não eram disponíveis em latim. Como Agostinho de Hipona, Tomás, embora dispondo de uma cultura enciclopédica, não possui um conhecimento aprofundado da língua grega: é este um curioso ponto em comum entre os que são considerados os maiores doutores latinos, respectivamente da antiguidade e da Idade Média.

Em 1265 é solicitado por Roma como teólogo pontifício por Clemente IV e ao mesmo tempo leciona no instituto teológico dominicano de Santa Sabina, no Aventino. Em 1268 volta a Paris, onde retoma o magistério e continua a redação de suas obras. Depois de quatro anos é chamado de volta à península italiana, para fundar a principal escola teológica da Ordem Dominicana, com sede em Nápoles. O papa Gregório X convida-o a participar do concílio de Lião, mas poucos dias depois da partida para França, Tomás adoece gravemente e no dia 7 de março de 1274 vem a falecer na abadia cisterciense de Fossanova.

Da universidade de Paris chega aos padres do concílio de Lião uma carta do corpo dos docentes, com o pedido de que seus restos mortais possam repousar em seu ateneu:

> "Se a Igreja, com justiça, honra os ossos e as relíquias dos Santos, a nós parece que é de todo conveniente que o corpo de um doutor tão grande seja conservado em perpétua honra aqui, a fim de que com suas obras se conserve também perpetuamente sua fama junto de nós».

Mais de um século depois, no dia 28 de janeiro de 1369, seus restos mortais são transladados para Toulouse, na França.

Poucos meses antes de morrer, ele contou a seu secretário Reginaldo ter tido uma iluminação durante a missa: suas obras não passavam de um monte de palha. Tomás parou de escrever, deixando incompleta a *Summa Theologiae*, e desejaria que suas obras fossem queimadas, mas ninguém satisfez este seu desejo. Sua pontual referência a Aristóteles custou-lhe algumas disputas em vida e algumas condenações poucos anos depois da morte, em Paris e Oxford. É canonizado por João XXII em 1323 e dois anos depois sua doutrina será reabilitada. A tradição lhe atribui os títulos de *doctor communis* e *doctor angelicus.*

Sua produção literária é imensa: comentário bíblicos; tratados, entre os quais o opúsculo *Contra os erros dos Gregos,* em que cita os doutores orientais que apoiam as posições latinas sobre o *Filioque,* o primado petrino, o uso do pão ázimo ou levedado na eucaristia, e o purgatório; obras polêmicas, entre as quais um panfleto publicado durante a polêmica entre seculares e mendicantes na universidade de Paris; orações e textos litúrgicos, como o conhecido hino *Adoro Te devote* e o ofício para a nova festa do *Corpus Domini*, solicitado por Urbano IV.

As obras principais são as filosóficas e teológicas, entre as quais merecem ser citadas: os comentários aos textos de Aristóteles, Boécio e Pedro Lombardo; as *Quaestiones disputatae* sobre vários temas, como a alma, o mal, a união do Verbo encarnado; as duas conhecidíssimas *Summae*, isto é, a *Summa Theologiae* e a *Summa contra Gentiles*. Esta é dirigida aos pregadores que devem defender a fé contra os gentios (pagãos), entre os quais estão os muçulmanos, e na qual apresenta principalmente argumentos de tipo racional.

A *Summa Theologiae* é um manual para os estudantes de teologia e será usada por muitíssimos professores para o ensino. Tomás a compila segundo o método escolástico, com um estilo que considera o mais apto aos tempos, se comparado com o de seu mestre Alberto, mas mantendo a autonomia entre ciências humanas e ciências teológicas. A abrangência dos argumentos é amplíssima: estende-se de Deus ao homem, das virtudes aos pecados, da graça aos méritos, de Cristo aos sacramentos. Começa apresentando questões sobre o tema, depois argumentos a favor e contra, apoiados por citações bíblicas, pronunciamentos dogmáticos, sentenças dos padres e doutores (particularmente de Agostinho) e de filósofos (especialmente de Aristóteles).

Na primeira parte da *Summa Theologiae* propõe cinco argumentos para provar a existência de Deus *a posteriori*, considerando insuficiente o argumento ontológico de Anselmo de Aosta, pois não é possível conhecer a essência de Deus. As cinco vias conjugam fé e razão, que na visão tomista são independentes, mas estão relacionadas. Ei-las: movimento: tudo o que se move é movido por outro e isto postula a existência de um motor imóvel, que é Deus; causalidade eficiente: todo fenômeno tem uma causa eficiente e isto postula a existência de uma causa primeira, que é Deus; contingência: tudo que é gerado se corrompe, tem um início e um fim, e não pode ter em si o próprio ato de ser, que postula a existência de um ente necessário por si, que é Deus; graus de perfeição: a existência nos entes de graus menores ou maiores de perfeição postula a existência de um sumo grau, que é Deus; finalismo: a natureza manifesta uma ordem finalística que postula a existência de uma inteligência de tudo ordena, que é Deus.

Tomás é declarado doutor da Igreja pelo papa dominicano Pio V com a bula *Mirabilis Deus* (Deus admirável) em 1567, que o equipara aos quatro grandes doutores da Igreja latinos. Boaventura é elevado à glória dos altares em 1481 pelo papa franciscano Sisto IV (*doctor acutissimus*); na bula de canonização é agregado liturgicamente aos doutores, mas a proclamação oficial acontece graças a Sisto V, também ele frade menor conventual, no dia 14 de março de 1588, com a bula *Triunphantis Hierusalem* (A glória da Jerusalém celeste). O papa afirma que Boaventura deve gozar das mesmas prerrogativas que Pio V concedeu a Tomás. Os dois grandes professores da universidade de Paris, assim, são equiparados aos grandes padres da Igreja e os doutores se tornam dez: seis latinos e quatro gregos. Será preciso esperar o século XIX para assistir a novas proclamações.

Em 1974 celebra-se o sétimo centenário da morte de Tomás e de Boaventura. Na Biblioteca Vaticana é montada uma exposição das preciosidades dos dois doutores, que Paulo VI visita no dia 9 de julho, admirando em particular o códice autógrafo do Comentário de Tomás ao III livro das Sentenças de Pedro Lombardo. O papa publica a carta apostólica *Lumen Ecclesiae* (Luminar da Igreja), dedicada a Tomás, e a carta *Scientia et virtute praeclarissimum* (Excelentíssimo por sabedoria e virtude), que traz o texto do discurso dedicado a Boaventura, dirigido aos ministros gerais das três famílias franciscanas.

Paulo VI faz ainda duas visitas: em 14 de setembro, à abadia de Fossanova, onde morreu Tomás; e dez dias depois, ao *Seraphicum*, colégio instituído em Roma por Sisto V em honra do novo doutor da Igreja, Boaventura, e ainda atualmente em atividade. Em Fossanova o papa Montini pergunta: "Mestre Tomás, que lição tu nos podes dar?". O próprio papa responde: "A confiança na verdade do pensamento religioso católico, tal como foi por ele defendido, exposto, aberto à capacidade cognoscitiva da mente humana". No *Seraphicum* comenta o *Itinerarium mentis in Deus* de frei Boaventura, como gosta de chamá-lo; resume em seguida a mensagem do doutor da Igreja como "um convite ao homem a recuperar por inteiro sua autenticidade e a alcançar sua plenitude".

Na *Lumen Ecclesiae,* Paulo VI recorda que Tomás é o único teólogo que um concílio mandou que seja seguido. De fato, no Vaticano II, ao falar da formação dos seminaristas, está escrito: "Para ilustrar quanto possível integralmente os mistérios da salvação, aprendam os estudantes a penetrá-los com mais profundidade e a perceber-lhes o nexo mediante a especulação, tendo Santo Tomás como mestre" (*Optatam totius* 16). E quanto às escolas superiores e as universidades católicas: "Levem-se em conta novos problemas e pesquisas do progresso atual, para chegar-se a perceber com mais profundidade como a fé e a razão colaboram para uma só verdade. Sigam as pegadas dos doutores da Igreja, principalmente de Santo Tomás de Aquino" (*Gravissimum Educationis* 10).

Entre as catequeses sobre os mestres medievais, Bento XVI dedica algumas a Boaventura (sobre ele tinha feito pesquisas acadêmicas em sua juventude, e em 2009 iria a Bagnoregio) e a Tomás; particularmente interessante é a de 17 de março de 2010, na qual apresenta as analogias e as diferenças entre os dois doutores. Numa síntese magistral, afirma que para Tomás a categoria mais alta é o verdadeiro e para Boaventura é o bem. Para o papa, não se trata de uma contraposição, pois ambos os doutores encontram uma coincidência entre o verdadeiro e o bem: "Ver a Deus é amar e amar é ver". Os dois doutores alimentaram tradições e espiritualidades diversas, mostrando a fecundidade da fé, que permanece sempre a mesma na diversidade de suas expressões. Quem haverá de propor uma síntese parcial das duas posições será o franciscano João Duns Scoto (1265-1308), chamado *doctor subtilis* e também *marianus*, enquanto defensor da imaculada conceição de Maria, contra a opinião de Santo Tomás. Nunca foi declarado doutor da Igreja e lhe será concedida a beatificação equipolente somente em 1993, graças a João Paulo II.

4
OS DOUTORES DA ÉPOCA MODERNA

4.1. Os espanhóis de 1500

Os nomes de Teresa d'Ávila e de João da Cruz são conhecidos, mas para a maioria não é familiar o nome de João de Ávila, que curiosamente parece unir os dois doutores precedentes. Nem mesmo o fato de ele ter sido declarado doutor da Igreja ajudou a torná-lo mais conhecido, de tal forma que, se se devesse citar alguma outra figura da Igreja espanhola em 1500, muitos provavelmente citariam o nome de Inácio de Loiola (1491-1556). No entanto, João de Ávila é um verdadeiro protagonista da vida da Igreja na Espanha; um seu escrito teve importante repercussão no concílio de Trento.

É útil ter presente a quase contemporaneidade das datas de nascimento e morte dos três doutores da Igreja, antes de apresentá-los: João de Ávila (1499-1569), Teresa d'Ávila (1515-1582), João da Cruz (1542-1591). O primeiro é presbítero diocesano, os outros dois pertencem à Ordem Carmelita. Têm em comum uma intensa atividade de evangelização e reforma, e raras experiências místicas, vividas no contexto do *Século de Ouro* da Espanha, convencionalmente iniciado em 1492, com o término da *Reconquista*, quando os reis católicos obtêm a rendição do sultão de Granada.

4.1.1. João de Ávila

João nasce em Castilha, de uma família cristã praticante, de origem judia; depois dos estudos de direito em Salamanca, por conselho de um franciscano, em 1520 se transfere para a universidade de Alcalá de Henares a fim de estudar filosofia e teologia, também com vistas à ordenação presbiteral, que acontece em 1526. Pouco antes morreram seus pais e ele destina aos pobres a rica herança deixada por eles, cultivando a ideia de ser missionário na Nova Espanha, isto é, no México. Vai a Sevilha, ganha tempo a fim de elaborar seu projeto, vive em pobreza e penitência, e frequenta o instituto teológico dos dominicanos. Conhecendo sua preparação e suas qualidades como pregador, em 1529 o bispo local o convida a permanecer na Andaluzia para organizar as missões populares numa região que, poucos decênios antes, era de maioria islâmica. Bento XVI dirá que João de Ávila foi ativo na época da Renascença espanhola, participando «do empreendimento da renovação cultural e religiosa da Igreja e da sociedade nos albores da modernidade».

Em 1531, por causa da rigidez de sua pregação contra os ricos, é acusado de heresia pela Inquisição e feito prisioneiro. Durante o tempo de cárcere começa a escrever sua obra-prima *Audi, filia* (Ouve, filha), que contém sua doutrina espiritual, centrada na humanidade de Cristo Jesus. Depois de dois anos é absolvido e retoma sua pregação, primeiro em Córdoba, depois em Granada. Plenamente reabilitado, vê crescer sua fama; em 1538 é encarregado de pregar nas exéquias da rainha Isabel de Portugal, esposa de Carlos V. No mesmo ano, funda a universidade de Baeza, reconhecida pelo papa Paulo III, e é nomeado seu primeiro reitor. A instituição, porém, está entre as mais vigiadas pela Inquisição, por acolher entre os estudantes, desde o início, os assim ditos cristãos novos, isto é, pessoas que não têm puro sangue, por terem ascendência judia, como, aliás, o próprio João.

Está em contato com Inácio de Loyola, apoiando-o na fundação da Companhia de Jesus, para a qual entrará Francisco de Borja (1510-1572), vice-rei da Catalunha, que se converte ao ouvir seu sermão nas exéquias da rainha Isabel; Francisco será o segundo sucessor de Inácio à frente da Companhia de Jesus. Também João de Deus (1495-1550) muda totalmente de vida após uma homilia pronunciada em Granada por João de Ávila, que a seguir o apoiará na fundação da Ordem Hospitalária dos *Fatebenefratelli* [de São João de Deus] para o cuidado e a assistência dos mais pobres. Vive um período de vida eremítica junto com Pedro de Alcântara (1499-1562), reformador dos franciscanos descalços, a fim de encorajá-lo a continuar sua obra, apesar das resistências encontradas. Teresa d'Ávila pôde contar com seus conselhos e seu apoio na obra de reforma da Ordem Carmelita. Propõe a fundação de um tribunal internacional para que, com sua mediação, se evitassem ou se concluíssem guerras entre os Estados.

Em 1555 é forçado a interromper suas atividades por causa de grave enfermidade, retirando-se para uma casa particular em Montilla, nas proximidades de Córdoba. O bispo quereria levá-lo como perito para o concílio de Trento, que se encontra em suas últimas sessões, mas as forças não lhe permitem participar. João, porém, redige os *Memoriais,* que o bispo apresentará à assembleia conciliar, despertando vivo interesse. Citamos uma das passagens que nos permite entrever seu intento:

> "Se o sagrado concílio quiser que suas boas leis sejam respeitadas, inclusive as do passado, que se ponha a trabalhar, embora se trate de um trabalho longo, para fazer

com que os eclesiásticos sejam tais que resida neles a graça da virtude de Jesus Cristo. Uma vez alcançado este objetivo, será fácil pôr em prática o que for determinado. Aliás, por amor, far-se-á ainda mais do que a lei manda fazer por força. Todavia, é aqui que está o trabalho difícil e que eu tenho medo dos nossos pecados e da tibieza dos anciãos. De fato, formar homens bons é coisa que exige muita canseira; ora, os velhos, ou não têm a ciência necessária para levar adiante este projeto, ou não possuem a caridade necessária para suportar um trabalho tão longo e cansativo, por causa de sua própria pessoa ou de seus compromissos, e se contentam em dizer a seus dependentes: 'Sejam bons, do contrário, terão que pagar o preço', e não compreendem que cabe a eles ajudá-los a serem bons".

De Montilla, João deve assistir impotente às perseguições de seus melhores discípulos, atualmente mestres da universidade de Baeza, inclusive a extorsão de uma retratação:

"Eu, Doutor Bernardino de Carleval, Reitor do Colégio desta cidade de Baeza, dado que, ao pregar neste lugar, com palavras impensadas desculpei os Judeus, afirmando que não mataram Cristo, e os ouvintes se escandalizaram, digo que me retrato, porque é verdade que os Judeus mataram Jesus Cristo, caluniando-o, acusando-o e entregando-o a Pilatos".

João morre em sua casa, depois de anos de sofrimento. Deixa-nos um rico epistolário, alguns tratados, um catecismo, homilias transcritas pelos seus ouvintes, o *Memoriais do concílio de Trento* e o texto mais conhecido, *Audi, filia.* Esta obra, revista em seus últimos anos de vida, recolhe os conselhos espirituais dirigidos à sua discípula Sancha Carrillo, organizados como um tratado de vida ascética.

No dia 20 de agosto de 2011, Bento XVI, que está na Espanha para a Jornada Mundial da Juventude (JMJ), celebra a eucaristia com os seminaristas na catedral de Madri. Nesse contexto, anuncia: "Proximamente declararei São João de Ávila, sacerdote, doutor da Igreja universal", respondendo positivamente à solicitação do episcopado espanhol. A primeira instância junto à Santa Sé foi apresentada pela Conferência Episcopal Espanhola em 1970, ano da canonização de João de Ávila, renovada por outras instâncias nos anos 1990. Em 2002, a Congregação para a Doutrina da Fé formulou o parecer positivo sobre a doutrina eminente de João de Ávila e no ano seguinte os bispos espanhóis voltaram a pedir que se apressasse a declaração doutoral, enquanto chegavam ao Vaticano solicitações análogas por parte de cardeais, bispos, superiores-gerais de ordens religiosas e associações laicais.

Finalmente começa a redação da *positio*, que em dezembro de 2009 é apresentada à Congregação das Causas dos Santos, junto com o pedido oficial da Conferência Episcopal Espanhola. Um ano depois, a comissão teológica do dicastério exara o parecer positivo, como fará a Congregação dos Bispos em maio de 2011. Chega-se, assim, à antecipação da notícia em Madrid, ao anúncio da proclamação durante o *Regina coeli* de 27 de maio de 2012 e à declaração doutoral, que acontece em Roma no dia 7 de outubro de 2012, junto com a de Hildegarda de Bingen, quatro meses antes da renúncia de Bento XVI ao pontificado. Na mesma data, o papa publica uma carta apostólica dedicada a João de Ávila, na qual recorda que no centro de sua doutrina está o chamado de Deus à santidade, entendida como participação à vida trinitária. O ser humano é um templo da Trindade, que progressivamente o transforma, unindo-o a Deus e ao próximo.

4.1.2. Teresa d'Ávila

Teresa de Jesus é o nome com que ela é recordada na liturgia e nos documentos oficiais da Igreja, mas também é comum denominá-la em referência à cidade onde nasceu, Ávila. Teresa Sanchez de Cepeda nasce de um dos novos cristãos e desde menina sente-se atraída pela leitura das vidas dos santos e dos mártires. Aos 9 anos morre-lhe a mãe e Teresa é confiada a um mosteiro de agostinianas, mas depois de uma enfermidade, deve voltar para casa. Em 1536, após ter lido o epistolário de Jerônimo, o Dálmata, comunica ao pai sua vontade de entrar para o carmelo, mas ele se opõe. Então, foge de casa e, sendo maior de idade, é acolhida pelo mosteiro carmelita da Encarnação, em Ávila, onde, porém, volta a adoecer gravemente. Depois de nova permanência em casa, retorna definitivamente para o carmelo, onde, por motivo de saúde frágil, goza de uma discreta liberdade.

Após anos de vida religiosa ordinária, como ela mesma narra no *Livro de sua vida*, de repente se sente fortemente tocada pela humanidade sofredora de Cristo e começa a ter visões, entrando numa nova fase da sua existência. Suspeita-se que ela seja simpatizante do movimento dos *Alumbrados* (Iluminados), condenado pela Inquisição espanhola em 1525, mas não é indagada a respeito. Quanto aos fenômenos místicos, ela mesma, porém, se aconselha com Pedro de Alcântara e Francisco de Borja, que a tranquilizam, confirmando a autenticidade de suas experiências. Nasce em Teresa o projeto de empreender uma reforma de sua Ordem e em 1562 funda em sua cidade o primeiro carmelo reformado, dedicado a São José, com o apoio do bispo local e a aprovação de Pio V. Seguir-se-ão dezenas de fundações e viagens; de fato, ela não considera violação da clausura as saídas necessárias para sua atividade. Em 1567, João da Cruz, com 25 anos, procura e consegue sua colaboração para a reforma do ramo masculino da Ordem e no ano seguinte, juntos, fundarão em Duruelo o primeiro carmelo masculino reformado. Teresa dedica o *Livro das fundações* à narração das vicissitudes que acompanham sua obra, escreve as constituições da Ordem reformada e um texto para regulamentar as visitas aos mosteiros.

Compõe poesias, comenta o Cântico dos Cânticos de forma alegórica, escreve meditações espirituais; em particular, deixa-nos duas obras místicas consideradas entre as mais importantes da história da Igreja: *O castelo interior* e o *Caminho de perfeição*. Na primeira das duas obras-primas, escreve:

> "Podemos considerar nossa alma um castelo feito todo de diamante ou de puríssimo cristal, no qual haja muitas moradas, como há muitas no céu. Por outro lado, irmãs, se pensarmos bem, o que é a alma do justo a não ser um paraíso, onde o Senhor diz que encontra suas delícias? Então, como será a morada em que se sente bem um Rei tão poderoso, tão sábio, tão puro, tão rico? Não, não há nada que possa ser comparado com a grande beleza de uma alma e com sua imensa capacidade!".

As moradas do castelo interior são sete: a primeira corresponde à opção de ingressar na vida espiritual; na segunda faz-se a purificação da relação com o mundo e, na terceira, consigo mesmo; a quarta é dedicada ao repouso, graças ao despojamento das misérias humanas; a quinta representa um salto de qualidade no alcance de uma paz profunda; na sexta, dá-se o noivado espiritual com Cristo, que nos revela sua humanidade para transfigurar a nossa; na sétima, acontece o matrimônio, a união estável com Deus.

Uma de suas orações mais conhecidas é esta: "Nada te perturbe, nada te espante. Tudo passa, somente Deus não muda. A paciência tudo alcança. Quem tem Deus não lhe falta nada: só Deus Basta!". Estas palavras foram retomadas por um cânone composto por Jacques Berthier para a comunidade de Taizé: *Nada de perturbe*.

Teresa morre aos 67 anos no carmelo de Alba de Tormes, durante uma de suas viagens, na noite entre 4 e 15 de outubro de 1582. É uma data singular, porque assinala a entrada em vigor do calendário gregoriano em muitos países de maioria católica, entre os quais a Itália e a Espanha. O dia seguinte ao dia 4 de outubro daquele ano já é o dia 15 do mesmo mês, para realinhar ao calendário astronômico o calendário civil. Do ponto de vista litúrgico, o interesse era corrigir o avanço progressivo da data da Páscoa em relação ao equinócio da primavera. É por esta razão que em algumas biografias consta que a morte de Teresa ocorreu no dia 4 de outubro e em outras, no dia seguinte, isto é, dia 15 de outubro. Esta última data é a escolhida para a festa da santa, levando em conta que no dia 4 de outubro já é festa de São Francisco de Assis. Foi proclamada santa por Gregório XV em 1622, junto com Inácio de Loyola, Francisco Xavier, Felipe Neri e Isidoro, agricultor, numa das mais famosas canonizações da história.

Em absoluto, é a primeira mulher a ser declarada doutor da Igreja na história eclesiástica, graças a Paulo VI, no dia 27 de setembro de 1970. Na homilia pronunciada na basílica de São Pedro, o pontífice disse: "Nós conferimos, ou melhor, reconhecemos, o título de doutor da Igreja para Santa Teresa de Jesus", considerando que a proclamação, na prática, mais uma uma tomada de consciência. Para o papa Montini, a mensagem central de Teresa é a oração interior, que ela define como oração mental e que "outra coisa não é senão uma maneira familiar de tratar, pessoalmente e a sós, com Aquele que sabemos que nos ama". No mesmo dia publica a carta apostólica *Multiforme Sapientia Dei* (A multiforme Sabedoria de Deus).

Em 1981, João Paulo II escreve uma carta para o início do ano teresiano, proclamado por ocasião do sexto centenário da morte de Teresa, e faz uma longa viagem apostólica à Espanha, visitando também os lugares principais ligados a ela. No 450º aniversário da fundação do carmelo de São José, em 2012, Bento XVI escreve a mensagem *Resplendens stella* (Estrela resplendente) ao bispo de Ávila, na qual recorda que "Teresa propôs um novo modo de ser carmelita num mundo por sua vez também novo". O papa Francisco escreve uma mensagem ao mesmo bispo em 2014, no início do ano jubilar teresiano por ocasião do quinto centenário do nascimento de Teresa. O papa cita uma de suas últimas frases: "É tempo de caminhar!", convidando todos a percorrer os caminhos da vida, "conduzidos pela mão de Santa Teresa".

Concluamos registrando um pequeno episódio:

> "Santa Teresa d'Ávila viajava a uma cidade da Espanha para uma fundação. O tempo era péssimo. Uma tempestade de vento e chuva flagelava a pobre carroça na qual a santa viajava. De repente os cavalos se assustaram e acabaram atirando os viajantes na água gelada do riacho que corria ao longo da estada. Quando Santa Teresa conseguiu sair da água, tiritando de frio, sentou-se numa pedra para retomar o fôlego, e não pôde deixar de lamentar-se com o Senhor: "Eu me consagrei totalmente aos teus interesses e tu me deixas sofrer assim? É assim que me tratas?'. Nosso Senhor lhe responde: 'Teresa, é assim que eu trato meus amigos!'. Ela retrucou: 'Ah, é por isso que tens tão poucos!'."

4.1.3. João da Cruz

Um João Paulo II emocionado, em 1982, visita o túmulo de João da Cruz em Segóvia, durante a viagem apostólica à Espanha. Numa celebração da Palavra, ele recorda sua própria tese de doutorado que teve por título *A fé em São João da Cruz*, e revela ter entrado desde jovem em diálogo íntimo com este mestre espiritual, que lhe indicou "a luz que brilha na escuridão, para caminhar sempre para Deus".

João Yepes Álvarez nasce em Fontiveros, perto de Ávila; também ele tem por pai um cristão novo. Estuda em Medina del Campo e também trabalha como operário. Aos 21 anos de idade entra para o carmelo de Salamanca e na universidade dessa cidade estuda filosofia e teologia. Em 1567 é ordenado presbítero; no mesmo ano, em Medina del Campo encontra-se com Teresa d'Ávila, que o dissuade do projeto de se tornar monge cisterciense, vendo nele a pessoa certa para a reforma do ramo masculino da Ordem Carmelita. João tem 25 anos, Teresa, 52, e o chama afetuosamente de "santo fradinho". Seguem-se anos de fundações e viagens, não sem dificuldades, devidas às tensões entre os frades reformados e os de antiga observância, que não aceitam o retorno à sobriedade das origens da Ordem. Em 1557, João é até mesmo preso com o uso da força por alguns frades de Ávila e posto na prisão num contento, em Toledo, de onde conseguirá fugir depois de oito meses. Durante o tempo de cárcere vive uma profunda união com Cristo e esboça alguns escritos místicos.

Continua sua obra de reforma, recebendo numerosos encargos, fundando inclusive um colégio para a Ordem na cidade universitária de Baeza. Em 1585 é eleito vigário para a Andaluzia e em 1588 se transfere para Segóvia, a sede principal [na Espanha] da Ordem Carmelita, na qual se tornou a segunda autoridade. Em agosto de 1591 é liberado de todo encargo e destinado a Peñuela, mas uma grave enfermidade o leva a Ubeda, onde morre na solidão no dia 14 de dezembro, com 49 anos. Dois anos depois seu corpo é transferido para Segóvia.

Um dos aforismos mais conhecidos de João da Cruz é este: "No entardecer da vida, seremos julgados pelo amor". A citação exata é: "No entardecer serás examinado a respeito do amor. Aprende a amar a Deus como Ele quer ser amado e abandona teu modo de fazer e de ver", dito que pertence a um dos *Escritos Breves*, intitulado *Palavras de luz e de amor*.

Edith Stein escreverá que João da Cruz descreveu o caminho para chegar ao amor puro nas suas quatro obras principais:

> "O que a pessoa pode fazer para chegar até este amor é amplamente tratado na *Subida do Monte Carmelo*. Como Deus purifica a alma, na *Noite Escura*. O resultado se encontra na *Chama viva de amor* e no *Cântico espiritual*. Fundamentalmente, encontra-se todo o caminho em cada uma das obras; em particular, em cada uma delas se acentua um aspecto mais que os outros. Porém, se se deseja aprender o essencial exposto em forma sucinta, então basta ler os *Escritos Breves*".

Na *Subida do Monte Carmelo* e na *Noite escura*, João descreve dois graus de oração: correspondem à purificação dos sentidos, em que se obscurecem os desejos sensíveis, e à noite do espírito, em que se obscurecem as faculdades da alma. A propósito, citamos ainda um cânone de Taizé, *De noite*, que resume estas experiências: "De noite iremos, de noite, para encontrar a fonte: somente a sede nos ilumina". Leiamos também uma passagem mais ampla de João:

"Para a alma, esta luz excessiva que ela recebe da fé converte-se em espessa treva, porque o maior vence e sobrepuja o menor, assim como a luz irradiante do sol obscurece o brilho de quaisquer luzes, fazendo não mais parecerem luzes aos nossos olhos, quando ele brilha e vence nossa potência visual. Em vez de dar-nos vista, seu esplendor nos cega, devido à desproporção entre o mesmo sol e a potência visual. De modo análogo, a luz da fé, pelo seu grande excesso, supera e vence a luz de nosso entendimento... Portanto, é claro que a fé é uma noite escura para a alma".

Na *Chama viva de amor*, João descreve a união mística da alma com Deus, que o *Cântico espiritual* narra sob forma poética, servindo-se da metáfora esponsal. Em 1990, João Paulo II escreve a carta apostólica *Mestre da fé*, com vistas ao quarto centenário da morte, na qual afirma que a acusação ou queixa pelo silêncio ou pela ausência de Deus é um sentimento espontâneo que o ser humano experimenta nas dificuldades da vida. João da Cruz vê nessas experiências da noite escura, que todos podemos provar, uma espécie de pedagogia de Deus, que "cala e às vezes se esconde, porque já falou e se manifestou com suficiente clareza. Até mesmo na experiência de sua ausência ele pode comunicar fé, amor e esperança a quem se abre a ele com humildade e mansidão".

Em 1891, por ocasião do terceiro centenário da morte, o episcopado espanhol pediu a Leão XIII que o proclamasse doutor da Igreja. Aproximando-se o segundo centenário de sua canonização, ocorrida em 1726, o superior-geral dos carmelitas descalços, repropôs a petição a Pio XI que, obtido o parecer positivo da Congregação dos Ritos, declarou-o doutor da Igreja em 24 de agosto de 1926, publicando uma carta apostólica. A tradição considera João da Cruz *doctor mysticus*. Optando a favor dele, Pio XI abriu a possibilidade de declarar doutores da Igreja os místicos, pessoas que viveram uma experiência singular de intimidade com Deus, considerando que suas obras constituem uma contribuição altamente significativa para a teologia e o magistério. Isto não quer dizer que entre os outros doutores da Igreja não tenha havido místicos; o fato é que, antes, a ideia dominante era que a proclamação doutoral estava ligada à contribuição especificamente dogmática. Os sucessores de Pio XI terão bem presente esta opção e seguirão seu exemplo.

4.2. Os jesuítas

Em 1889, o bispo de Mântua, José Sarto, futuro papa Pio X, participando do primeiro congresso catequético italiano, propõe que se redija um catecismo simples, com perguntas e respostas, pois o de Roberto Bellarmino é de difícil compreensão até para os adultos. Em 1905, depois de dois anos de pontificado, Pio X publica o *Catecismo Maior*, para uso da diocese de Roma, fruto de um trabalho anterior realizado em Mântua. Haverá diversas edições, que se difundirão amplamente, a ponto de substituir os catecismos até então em uso, compilados por dois jesuítas na segunda metade do século XVI: Pedro Canísio e Roberto Bellarmino. Além desses textos, havia também o *Catecismo do concílio de Trento*, para uso dos párocos (1566).

Em 1555, Canísio escreveu a *Summa doctrinae christianae*, que consistia numa longa série de perguntas e respostas, conhecida simplesmente como *Catecismo*. O texto foi publicado em latim, logo traduzido em línguas vulgares. Depois dele, viriam as redações de outros dois catecismos mais breves: um destinado aos meninos e meninas com pouca instrução, e outro para quem dispusesse de instrução média. Diz-se que, para Roberto Bellarmino, Pedro Canísio representava o que tinha sido Cirilo de Jerusalém para a Igreja do Oriente, e que nem teria escrito o *Catecismo*, se antes tivesse conhecido os redigidos por Pedro Canísio, que inclusive os teria traduzido para a língua italiana. De fato, Bellarmino inspirou-se nos textos de Canísio para a composição de suas obras catequéticas: a *Doutrina cristã breve* (1597) e *Apresentação mais ampla da doutrina cristã* (1598). Esses textos, porém, foram superados pelo *Catecismo de Pio X*.

Talvez não esteja errado pensar que Pio XI, ao declará-los doutores da Igreja – Canísio em 1925 e Bellarmino em 1931 – quis reconhecer aos dois jesuítas o mérito de ter formado, por meio de seus textos, diversas gerações de cristãos. Já observamos que os mestres medievais das ordens mendicantes foram declarados doutores por papas franciscanos e dominicanos, que, de fato, favoreceram os membros das próprias ordens. Também os jesuítas formaram teólogos importantes, mas foi preciso esperar o terceiro milênio para que fosse eleito um papa jesuíta: a Companhia de Jesus sempre teve seus detratores dentro da Igreja e também fora. Pio XI declarou doutores da Igreja dois jesuítas, imaginando, talvez, que se haveria de esperar em vão que esta opção pudesse ser feita por um papa da Companhia de Jesus, e também interrompendo o sucessivo adiamento da beatificação de Bellarmino, cuja causa estava parada havia três séculos.

O advento do primeiro papa jesuíta, na verdade, não teria ajudado a redescobrir os dois doutores da Igreja da Companhia de Jesus. O papa Francisco indicou como seu modelo de referência Pedro Favre (1506-1546), o primeiro companheiro de Inácio de Loyola: "Hoje é mais tempo de Favre, o homem do diálogo e da escuta, do que de Canísio, o homem da disputa"; é melhor referir-se ao "método Favre" do que ao "método Canísio". No dia 17 de dezembro de 2013, durante o primeiro ano de pontificado, Francisco procedeu à canonização equipolente de Pedro Favre.

4.2.1. Pedro Canísio

Peter Kanijs nasce em Nimega em 1521, no território do Sagrado Império Romano, e depois dos estudos de base frequenta a universidade de Lovaina e de Colônia, onde, em 1540, se torna professor de filosofia. Os contatos com Pedro

Favre fazem amadurecer em Canísio a opção para se tornar jesuíta em 1543, e os dois Pedros fundam em Colônia a primeira comunidade da Companhia de Jesus na Alemanha. Em 1546, recebe a ordenação presbiteral.

Imediatamente se distingue como hábil pregador e é convocado a Roma por Inácio de Loyola, perante o qual emite o quarto voto dos jesuítas, tornando-se um dos primeiros dez professos solenes da Companhia de Jesus. Pedro é também o primeiro jesuíta a publicar um livro. O fundador confia-lhe encargos de responsabilidade, como farão seus sucessores. Sua atividade é frenética e se insere no contexto da Contrarreforma (ou Reforma católica), que também o insere no contexto das controvérsias com os luteranos. Ele distingue as responsabilidades de quem levou adiante a divisão da Igreja Católica, da boa fé da maior parte dos protestantes e evita os excessos verbais nas disputas teológicas que também tem que enfrentar.

Canísio goza da estima dos papas e participa das sessões de 1547 e de 1562 do concílio de Trento. Pio V propõe-lhe a púrpura cardinalícia, mas Pedro a recusa, para continuar a exercer o cargo de superior dos jesuítas na Alemanha. Quando leciona, usa a língua latina, mas a pregação ele a faz nas línguas vulgares. Em 1580 funda um colégio em Friburgo e nesta cidade vive até a morte, continuando a pregar e dispondo de mais tempo para dedicar-se a escrever. Morre no dia 21 de dezembro de 1597; está sepultado na igreja da universidade de Friburgo.

Além dos catecismos, publicou homilias, opúsculos devocionais e ascéticos, textos apologéticos e hagiográficos. Por encargo de Pio V, para confutar as *Centúrias de Magdeburgo*, a primeira história da Igreja escrita em âmbito protestante, escreve dois textos, em seguida unidos num só volume: *Commentarium de Verbi Dei corruptelis* e *De Maria Virgine incomparabili et Dei Genitrice Sacrosanta libri quinque.* Como ótimo conhecedor dos padres da Igreja, cuida da publicação das obras completas de Cirilo de Alexandria, Leão Magno e Ósio de Córdova, bem como do epistolário de Jerônimo, o Dálmata.

No dia 14 de maio de 1925, Pio XI procede à canonização e ao mesmo tempo à declaração de Pedro Canísio doutor da Igreja mediante a carta decretal *Misericordiarum Deus* (Deus de misericórdia). O papa faria o mesmo em relação a Alberto Magno, mas a canonização deste seria equipolente. São os únicos dois casos ocorridos em contexto semelhante, à parte a confirmação do culto dos padres da Igreja declarados doutores por Leão XIII e Bento XV.

Em 1897, Leão XIII dedicou a encíclica *Militantis Ecclesiae* (O bem da Igreja militante) ao beato Pedro Canísio, no terceiro centenário da morte, definindo-o segundo apóstolo da Alemanha depois de São Bonifácio. O próprio Pedro Canísio escreveu ter sentido o chamado por parte dos apóstolos Pedro e Paulo na basílica vaticana a ser apóstolo da Alemanha, no mesmo dia em que recebeu o encargo de superior dos jesuítas naquela terra por parte de Inácio de Loyola. Em 1997, João

Paulo II escreve uma carta aos bispos alemães por ocasião do quarto centenário da morte.

4.2.2. Roberto Bellarmino

Roberto Bellarmino nasce em 1542 em Montepulciano e aos 18 anos de idade entra para a Companhia de Jesus. Estuda, em diversas etapas, em Pádua e em Roma e se distingue como pregador, mesmo antes da ordenação presbiteral, que ocorrerá em 1570. Em 1569, Francisco de Borja o envia a Lovaina, onde aperfeiçoa seus estudos; no ano seguinte começa a lecionar teologia, envolvendo-se nas controvérsias entre católicos e calvinistas.

Em 1576, Gregório XIII lhe confia a *cathedra controversiarum*, cátedra de apologética no Colégio Romano, instituída para coordenar as controvérsias com os protestantes. Manterá este encargo por longo tempo, salvo algumas interrupções devidas a outras missões recebidas da Santa Sé. De suas lições nascerá sua principal obra teológica: *Disputationes de controversiis Christianae fidei adversus huius temporis haereticos,* conhecida simplesmente como as *Controvérsias.* Sisto V tem em mente colocá-las no índice dos livros proibidos, porque Bellarmino afirma que o poder temporal dos papas representa uma forma indireta de *potestas*, ao passo que o papa quer que se afirme que tal poder provém diretamente de Deus. A morte de Sisto V interrompe o projeto e o sucessor, Clemente VIII, ignora o estudo a respeito dessa questão.

Como Antônio de Pádua, recebe o apelativo de «martelo dos hereges». Distingue-se como diretor espiritual, de modo especial no Colégio Romano, onde acompanha em sua breve vida Luís Gonzaga (1568-1591), e em seguida o processo de beatificação do jovem jesuíta, o que se daria em 1605. Em 1592 torna-se reitor do mesmo Colégio e, após um parêntese em Nápoles como superior da comunidade dos jesuítas, em 1587 é nomeado teólogo pontifício por Clemente VIII, que dois anos mais tarde, nomeia-o cardeal, apesar de suas perplexidades. Nos dois conclaves de 1590, Bellarmino é considerado favorito à eleição pontifícia. A propósito, existem duas versões: segundo uma, ele recusa a nomeação por humildade; segundo outra, não é eleito por ser jesuíta.

Em 1602 é nomeado bispo de Cápua, segundo o princípio do *promoveatur ut amoveatur*, pois Clemente VIII não aprecia a posição de Bellarmino na controvérsia sobre a relação entre a graça e a liberdade, que opunha dominicanos e jesuítas. Bellarmino, porém, desempenha seu novo encargo com muito zelo e coração grande, a ponto de lhe parecerem os anos mais belos de sua vida. Em 1605, o novo papa Paulo V o chama de volta a Roma e lhe confia numerosos encargos, fazendo dele seu principal colaborador. Nesses anos, estará envolvido em muitas situações que ainda hoje dificultam a avaliação de sua pessoa, como os processos dos dominicanos Giordano Bruno (1548-1600), Tomás Campanella (1568-1639) e Galileu Galilei (1564-1642), no qual ele desempenha uma parte ativa como membro do Santo Ofício. Em 1992, João Paulo II pronunciou um célebre discurso, considerado a plena reabilitação de Galileu e a definitiva admissão dos erros cometidos pela Igreja. Citou Bellarmino, afirmando que ele se deu conta da complexidade da questão e percebeu que estava em jogo um assunto muito delicado, por isso, aconselhava prudência.

Vejamos o que Bellarmino escreveu numa carta de 1615:

> "Eu digo que, se fosse verdadeira a demonstração de que o sol está no centro do mundo e que a terra está no terceiro céu, e que o sol não gira em torno da terra, mas é a terra que gira em torno do sol, então será preciso ter muito cuidado ao explicar as Escrituras, que parecem afirmar o contrário; será melhor afirmar que não entendemos, do que dizer que seja falso o que se demonstra. Mas eu não creio que exista tal demonstração, enquanto ela não me for apresentada".

Não se deve esquecer que, desde a juventude, ele se interessa pelas ciências naturais e pela astronomia; que consolida o ensino da matemática no Colégio Romano, cuja cátedra é ocupada pelo famoso jesuíta alemão Cristóvão Clavio (1538-1612); finalmente, que foi a alma da comissão para a elaboração do calendário gregoriano.

Além do *Catecismo* e das *Controvérsias*, escreveu textos exegéticos e ascéticos, homilias e obras polêmicas. Duas mil e seiscentas cartas de Bellarmino são conservadas no aquivo histórico da Pontifícia Universidade Gregoriana, nome assumido pelo Colégio Romano a partir de 1873, da qual ele se tornou patrono.

Morreu em 17 de setembro de 1621 e foi sepultado na igreja *del Gesù*. Em 1923, seus restos mortais foram transladados para a igreja de Santo Inácio, pouco depois de sua beatificação. Uma coincidência faz com que o dia 17 de setembro seja também o dia da morte de Hildegarda de Bingen, data em que para ambos se celebra a memória litúrgica como santos e como doutores da Igreja.

Seu processo de beatificação foi encaminhado pouco depois da morte, em 1622, mas encontrou inumeráveis obstáculos desde os inícios. Será Pio XI, três séculos depois da morte, a retomar em mãos a causa e a impor-lhe um ritmo rapidíssimo, a ponto de beatificá-lo em 1923 e canonizá-lo em 1930; não só: com a carta apostólica *Providentissimus Deus* (Deus providentíssimo), de 17 de setembro de 1931, declara-o doutor da Igreja. Pio XI escreve que Bellarmino foi considerado um mestre pelas mais ilustres personalidades, particularmente pelos escritores eclesiásticos. Basta citar "os santos homens que, por eminente doutrina, unida a santidade heroica, já foram declarados doutores da Igreja universal": o papa refere-se diretamente a Pedro Canísio, Francisco de Sales e Afonso Maria de Ligório.

Também Bellarmino merece ser incluído entre os doutores, como foi confirmado pelo parecer da Congregação dos Ritos.

Uma curiosidade: o cardeal Bergoglio, no momento da eleição papal, tinha como título cardinalício o de São Roberto Bellarmino (uma igreja do quarteirão Parioli), título instituído por Paulo VI em 1969 e que Bergoglio assumiu em 2001. A paróquia foi criada por Pio XI depois da declaração de Bellarmino como doutor da Igreja; a igreja foi construída entre 1932 e 1933 e confiada aos cuidados pastorais dos jesuítas. Em 2021, a paróquia dedicou um ano jubilar ao quarto centenário da morte do doutor da Igreja, culminando com a participação do papa Francisco no *Regina coeli* em 29 de maio de 2022.

4.3. O capuchinho Lourenço de Brindisi

Júlio César Russo nasce em Brindisi em 1559, estuda na escola dos frades conventuais e depois da morte da mãe se transfere para Veneza, na casa de um tio presbítero. Em 1575 entra para a Ordem Frades Menores Capuchinhos, assumindo o nome de Lourenço. Estuda filosofia e teologia em Pádua e em Veneza, e recebe a ordenação presbiteral em 1582, assumindo muito cedo encargos de responsabilidade interna da Ordem na Itália, Suíça, Boêmia, Áustria e Alemanha. Em 1592, Clemente VIII o encarrega de pregar aos Judeus, como ele tinha feito em Veneza.

Entre 1601 e 1602, passa um período na Hungria como capelão militar, durante a assim chamada Guerra Longa, entre os Hasburgo (aliados com o Sagrado Império Romano) e o Império Otomano. Ao retornar do *front,* é eleito ministro-geral da Ordem por um triênio, durante o qual empreende muitas viagens para visitar as províncias dos diversos países europeus. Em seguida, retoma a atividade de pregador, gozando de grande estima popular, embora com frequência deva cumprir missões diplomáticas por conta dos papas.

Num texto de caráter autobiográfico, Lourenço nos deixou um relato das viagens desse período. Escolhemos um episódio entre os muitos que ele narra. Em 1607, o duque da Saxônia, Cristiano II, vai a Praga visitar o imperador do Sagrado Império Romano, Rodolfo II de Habsburgo. No seu séquito encontra-se Policarpo Laisero (1552-1610), pregador protestante de sua corte, que faz dois discursos sobre o tema da justificação, com o objetivo de obter a liberdade de culto para os protestantes na Boêmia. Lourenço de Brindisi, pouco depois, pede ao imperador poder falar publicamente a fim de confutar as teses protestantes; seu discurso polêmico leva Laisero a deixar a cidade. Este, a seguir, publica em Dresden as duas pregações pronunciadas em Praga, acompanhadas de invectivas contra Lourenço e o jesuíta André Neubacher que, por sua vez, tinha intervindo na disputa. Quando Lourenço lê o texto de Laisero, escreve de um só impulso uma apologia, que depois ele decide ampliar, para fazer dela uma confutação mais geral da doutrina luterana, intitulada *Lutheranismi hypotyposis* (Hipotipose do Luteranismo). Ocorrendo, porém, a morte do seu antagonista e também por não ter conseguido aperfeiçoar a obra como teria querido, Lourenço a não imprime, mas assim mesmo ela chegou até nós.

Em 1613 é novamente ministro-geral, cargo que manterá até a morte. Em 1618 recebe a ordem de ir, como embaixador da Santa Sé, à corte de Felipe III da Espanha, a fim de solicitar um alívio dos impostos, também a pedido dos nobres de Nápoles para denunciar os abusos que estava cometendo na Itália meridional o vice-rei Pedro Girón. A notícia de sua missão provoca uma série de reações diplomáticas, que impedem o capuchinho de viajar até a primavera do ano seguinte. Em maio de 1619 chega a Lisboa e se encontra algumas vezes com o rei, do qual não consegue obter nada do que solicita. A saúde de Lourenço é precária há vários meses, mas são insistentes as vozes de um envenenamento que teria causado sua morte, no dia 22 de julho, na residência de Pedro de Toledo. Este decide sepultar o corpo de Lourenço na igreja da *Anunciada* em Villafranca del Bierzo (Galícia), sede de seu marquesado. Pedro tinha transformado o albergue destinado aos peregrinos de Santiago de Compostela num convento de franciscanas, onde foi acolhida também uma de suas filhas.

Apesar de uma vida muito ativa, Lourenço publica muitas obras, particularmente ligadas à pregação, centrada na explicação das Sagradas Escrituras. De caráter estritamente exegético são o *Comentário do livro do Gênesis* e também o curioso tratado *De numeris amorosis*, sobre o significado místico do nome de Deus, em que se serve também de fontes hebraicas. Sua preparação bíblica é excelente, também graças ao conhecimento das línguas originais, bem como pela sua capacidade oratória, que ele faz servindo-se de diversas línguas vulgares.

Impressiona o que se narra a propósito das celebrações eucarísticas oficiadas por Lourenço, que podiam durar até mesmo três horas. Com um indulto de Paulo V, foi-lhe permitido prolongar à vontade a duração da missa, que em alguns casos chegava a superar as dez horas.

Em 1948, o ministro-geral dos capuchinhos institui a assim dita Comissão Laurenciana, com a tarefa de promover o conhecimento de Lourenço de Brindisi, e apresenta à Santa Sé a instância para que seja proclamado doutor da Igreja. O parecer positivo dos cardeais é apresentado a Pio XII em 1950, mas o papa adia a questão para tempos melhores. Entretanto, a comissão continua seu trabalho e em 1956 completa a publicação da *opera omnia* de Lourenço. Em 28 de novembro de 1958, a um mês exato da eleição de João XXIII, o cardeal prefeito da Congregação dos Ritos apresenta a causa ao novo papa, que a aprova imediatamente. Durante o quarto centenário do nascimento de Lourenço de Brindisi, João XXIII, que também é terciário franciscano, no dia 19 de março de 1959, com a carta apostólica

Celsitudo ex humilitate (A altura da humildade), procede à proclamação de Lourenço de Brindisi como doutor da Igreja, definindo-o *doctor apostolicus.*

4.4. Os doutores do amor divino

Pio IX, que detém o recorde do mais longo pontificado da história, como vimos, proclamou doutor da Igreja Hilário de Poitiers em 1851; dois decênios depois, é a vez de dois bispos: Afonso Maria de Ligório (1871) e Francisco de Sales (1877). Assim, o papa Mastai-Ferretti declara o doutor da Igreja mais próximo quanto a seu tempo (Afonso) e também o mais distante (Hilário). O leque temporal dos doutores será alargado com a proclamação de Teresa de Lisieux por parte de João Paulo II e com a de Ireneu de Lião por parte do papa Francisco. Além disso, com a proclamação de Afonso, Pio IX faz com que os doutores da Igreja ultrapassem o limiar do século XVIII e estabelece o primado da menor distância entre a morte e a proclamação de um doutor da Igreja: 84 anos.

À distância de mais de um século entre um e outro, Francisco de Sales e Afonso Maria de Ligório dedicam sua vida a afirmar e argumentar que a vida cristã consiste em receber o amor de Deus e em amá-lo.

4.4.1. Francisco de Sales

Durante o concílio Vaticano I, muitos bispos pedem a Pio IX que declare Francisco de Sales doutor da Igreja. À sua solicitação somam-se os pedidos de cardeais, bispos, universidades e autoridades civis. O papa (que não agiu da mesma forma no caso de Alberto Magno) confia a causa à Congregação dos Ritos, que em julho de 1877 exprime seu voto positivo. Mediante o breve papal *Dives in misericórdia* (Rico de misericórdia) de 16 de novembro de 1877, Pio IX declara Francisco de Sales doutor da Igreja, três meses antes de morrer. No documento, o papa afirma que o novo doutor da Igreja foi muitas vezes consultado a respeito de vários argumentos de fé, como aconteceu em tempos passados com os grandes padres da Igreja. Embora seja a antiguidade que torna respeitáveis os doutores dos primeiros séculos da Igreja, o que mais se exige é "que apareça difusa nos escritos, além de uma medida comum, a doutrina celeste que, com abundância e variedade de argumentos, como um esplêndido manto, difunda nova luz sobre todo o corpo da Igreja, e resulte salutar para os fiéis". No documento papal, com uma linguagem distante da linguagem da atual era ecumênica, Pio IX exalta as doutas confutações da "peste calvinista", demonstradas em particular na disputa, por mandato de Clemente VIII, com Teodoro Beza (1519-1605), sucessor de Calvino em Genebra.

Em 1923, um mês após o terceiro centenário da morte de Francisco de Sales, Pio XI escreve a encíclica *Rerum omnium perturbationem* (A confusão reinante em toda parte), carta projetada por Bento XV, que morreu antes de poder escrevê-la. O papa está convencido de que Francisco de Sales foi dado por Deus à Igreja para desmentir o preconceito de que a santidade "não pode ser alcançada, ou pelo menos, que é tão difícil de alcançar, que vai além da capacidade da maioria dos fiéis e que está reservada unicamente a uns poucos magnânimos; que, além disso, seria tão cheia de complicações e aborrecimentos, que não pode absolutamente adaptar-se a quem vive fora de um claustro". Pio XI declara Francisco patrono dos jornalistas.

Em 1967, Paulo VI escreve a carta apostólica *Sabaudiae gemma* (A joia da Saboia) por ocasião do quarto centenário do nascimento de Francisco de Sales, que ele define como "doutor original e moderno", em continuidade com a doutrina dos padres da Igreja, mas também haurindo os ensinamentos dos autores mais recentes, como Inácio de Loyola, João de Ávila, Luís de Granada (1504-1588), Teresa d'Ávila e João da Cruz. Define-o também como "doutor da direção espiritual".

O papa Montini louva seu método ecumênico, citando o documento do concílio Vaticano II, que condena o falso irenismo e convida a dialogar "com o amor da verdade, com caridade e humildade". Francisco, de fato, não foi violento nas disputas, mas amou os que erram e usou de muita paciência. "E quais são seus frutos?", pergunta Paulo VI. "Por obra sua – continua o papa – só na província de Châlons-sur-Saône, setenta e dois mil homens voltaram à união com a Sé Apostólica". Não é mais o tempo de Pio IX, mas hoje a sensibilidade ecumênica cresceu também em relação ao tempo de Paulo VI, levando as Igrejas a desistirem do proselitismo, obviamente no respeito das opções de cada pessoa na eventual passagem de uma confissão cristã para outra.

Em 2002, João Paulo II escreve uma carta pelo quarto centenário da ordenação episcopal de Francisco, que ele define como "doutor do amor divino", pois soube propor uma espiritualidade exigente, mas serena, fundada sobre o amor.

As citações dos papas nos permitem entrever o perfil de Francisco de Sales, que nasce em 1567 na Saboia, estuda em Annecy, Pádua e Paris, laureando-se em direito e aprofundando a teologia. Em 1593 torna-se presbítero e colabora com o bispo de Genebra, que reside em Annecy, por causa da forte presença dos calvinistas na Suíça. Pede para ser enviado precisamente a Genebra, preocupado com a ausência da pregação da fé correta, da qual ele se ocupa com zelo, disputando com os protestantes, para reconduzi-los à Igreja Católica. Mostra-se criativo em mandar imprimir e difundir volantes e manifestos, para difundir de forma essencial e capilar a fé católica.

Em 1602 torna-se bispo daquela cidade, mas como seu predecessor, reside em Annecy. Em 1610 funda a Ordem da Visitação, junto com Joana Francisca de Chantal (157201641), com quem estará sempre ligado por profunda amizade.

Morre improvisamente em Lião no dia 27 de dezembro de 1622; no dia 24 de janeiro sucessivo seu corpo é transladado para Annecy.

Duas são as obras principais de Francisco de Sales. Na *Introdução à vida devota,* dedicada a Joana de Chantal, obra conhecida como *Filoteia*, propõe a santidade como caminho acessível a todos. Afirma:

> "A devoção viva e verdadeira, Filoteia, exige o amor de Deus; aliás, não é outra coisa senão um verdadeiro amor de Deus. Para dizer brevemente, a devoção é uma espécie de agilidade e vivacidade espiritual, por meio da qual a caridade age em nós ou, se quisermos, nós agimos por meio dela, com prontidão e afeto".

O *Tratado do amor de Deus*, conhecido como *Teótimo*, em torno do tema principal expresso pelo título, apresenta uma síntese da doutrina cristã.

Recordamos também os *Verdadeiros entretenimentos espirituais*, que recolhem os ensinamentos transmitidos às visitandinas, publicados por Joana de Chantal. Conservam-se mais de duas mil cartas, muitas das quais dirigidas à própria Joana, e chegaram até nós também opúsculos, sempre sobre temas espirituais e escritos polêmicos.

João Bosco (1815-1888) se inspirará nele para a fundação da Sociedade de São Francisco de Sales (salesianos); os outros seus modelos serão Felipe Neri (1515-1595), Vicente de Paulo (1581-1660) e Afonso Maria de Ligório.

4.4.2. Afonso Maria de Ligório

"*Quanno nascette Ninno a Bettalemme, era nott' e pareva miezo juorno*" [Quando nasceste como criança em Belém, era noite e parecia meio-dia]: é o início do canto natalino composto na linguagem de Nápoles em 1754 por Afonso Maria de Ligório. A versão italiana começa com as palavras: "*Tu scendi dalle stelle, o re del cielo e vieni in una grotta al freddo e al gelo*" [Tu desces das estrelas, ó rei do céu, e vens para uma gruta exposta ao frio e ao gelo]. Pode ser esta música a ressoar em segundo plano que nos acompanhe enquanto nos encontramos com o único doutor de 1700.

Afonso nasce em Nápoles em 1696, aos 12 anos toca cravo com perfeição e com dezesseis já é laureado em ambos os direitos [civil e eclesiástico], iniciando imediatamente a praticar a atividade forense. Parece que a vocação presbiteral nasceu depois de uma pesada derrota profissional, após a qual viu uma luz e sentiu uma voz que lhe disse: "Deixa o mundo, entrega-te a mim". É ordenado presbítero em 1726 e sob a proteção do cardeal Pignatelli, dá início às assim chamadas "capelas do entardecer", reunindo os jovens das periferias. Serve-se também da música, compondo numerosas *pequenas canções espirituais*. Registramos aqui uma brevíssima, intitulada *Ato de amor a Jesus*: "Já compreendo, meu Senhor, tu me queres só para ti. Não é verdadeiro amor o amor que, ao amar, dividido está". Calcula-se que, ao longo dos anos, mediante suas "capelas do entardecer" atingiu cerca de trinta mil "*lazzaroni*" [pessoas transviadas].

O cardeal pede a Afonso que alargue seu raio de ação, pregando as missões populares nas cidades e nos campos. Enquanto se encontra em Scala, perto de Amalfi, decide fundar uma congregação com o objetivo de evangelizar os povoados mais humildes, o que fará em 1732: nascem, assim, os redentoristas.

Não compartilhando o rigorismo da época, que era influenciado pelo jansenismo, Afonso busca um equilíbrio entre a fidelidade às normas morais e a atenção ao percurso de cada pessoa individualmente, sem cair no laxismo. Os dois princípios da moral são a lei e a consciência: a teologia deve ocupar-se em conhecê-las, tanto em si mesmas quanto em sua relação recíproca. Seu modo de ver está contido na *Theologia moralis* (Teologia moral), publicada em 1748 e revista em sucessivas edições, até a definitiva em 1763. São numerosíssimas as obras de Afonso, algumas das quais têm imediatamente larga difusão, como: *O grande meio da oração, As glórias de Maria, Máximas eternas*, *Visitas ao Santíssimo Sacramento,* e particularmente *Prática de amar a Jesus Cristo*, por ele mesmo considerada como a mais útil para a vida cristã. Suas obras contêm muitíssimas citações dos doutores da Igreja e de outros autores cristãos, que ele justapõe com liberdade criativa, fazendo com que o leitor veja como tudo faz parte do percurso plurissecular do pensamento da Igreja.

Afonso escreve:

> "Deus quer ser o único a ser adorado e amado por nós, não por soberba, mas porque ele merece, e também pelo amor que ele tem por nós. Como ele nos ama muitíssimo, quer todo o nosso amor, e fica como que enciumado ao ver que outros se apossam de parte dos corações que ele quer para si".

Como Francisco de Sales, defende que a santidade é um chamado universal e que cada qual pode alcançá-la vivendo em seu próprio estado de vida. O ápice da santidade e da perfeição consiste em amar Cristo, sumo bem da humanidade. Afonso faz Deus dizer:

> "Ó homem, considera que eu fui o primeiro a te amar. Tu ainda não estavas no mundo, aliás, nem o mundo existia, e eu já te amava. Desde que sou Deus, eu te amo" [...] "Quero atrair os homens a me amarem com os laços com que os homens se deixam atrair, isto é, com os laços do amor".

Para Afonso, esses laços são os dons que Deus concedeu ao homem.

Clemente XIII nomeia Afonso bispo de Santa Ágata dos Godos, em 1762, contra sua vontade. Em 1764, uma carestia afeta o reino de Nápoles e Afonso se doa totalmente em ajudar quem está sofrendo mais. Para ajudar os mais pobres, vende sua carruagem, o anel episcopal e a cruz peitoral. A partir de 1769 sofre de uma grave forma de artrite deformante, que lhe causa o encurvamento da cabeça sobre o peito, mas suas demissões por razões de saúde serão aceitas somente em 1775. Afonso, que sofre também por causa de sérias dificuldades da vista e do ouvido, retira-se para Nocera dei Pagani numa casa redentorista, onde morre em 1º de agosto de 1787, com 91 anos. É o mais longevo dos doutores da Igreja.

Em 1867, o superior-geral dos redentoristas, Nicolau Mauron, apresenta a Pio IX o pedido para declarar Afonso doutor da Igreja; no dia 11 de março de 1871 a Congregação dos Ritos exprime-se a favor. O papa procede à declaração no dia 23 de março, com o decreto *Inter eos* (Entre aqueles que), atribuindo a Afonso o título de *doctor zelantissimus*. De fato, Pio IX recorda seu zelo em dissolver as trevas dos erros difundidos pelos jansenistas, por meio de suas doutas obras, especialmente dos tratados de teologia moral. Pio XII nomeia-o patrono dos confessores e moralistas em 1950. A cinquenta anos da declaração doutoral, o papa Francisco escreve uma mensagem ao superior-geral dos redentoristas, apontando Afonso como modelo para a Igreja "em saída" e para a maneira de se aproximar das consciências com a bondade de Deus: "Convido-vos, assim como fez Santo Afonso, a ir ao encontro dos irmãos e irmãs frágeis da nossa sociedade".

5
UM SÓ DOUTOR NA ÉPOCA CONTEMPORÂNEA

João Paulo II, durante seu longo pontificado, elevou à honra dos altares 1.345 beatos e 482 santos; diante destes números, pode causar admiração que tenha procedido a uma única declaração de doutor da Igreja e que este privilégio tenha sido reservado a Teresa de Lisieux, que atualmente é a mais jovem em idade dentre os doutores da Igreja. De fato, ela desaparece aos 24 anos; os outros doutores falecidos prematuramente são Catarina de Sena, com 33 anos, e Antônio de Pádua, com 35. Teresa é também o doutor da Igreja mais próximo de nós no tempo, único do século XIX, depois de Afonso Maria de Ligório, único do século XVIII; além disso, é o primeiro e único da época contemporânea. A proximidade no tempo e a máxima atenção que foi dada a Teresa pelo seu mosteiro fazem dela o único doutor da Igreja de quem possuímos com certeza todos os seus escritos.

5.1. Teresa de Lisieux *doctor amoris*

Provavelmente Teresa de Lisieux é a figura popularmente mais conhecida entre os doutores da Igreja e seu texto mais famoso, a *História de uma alma,* está entre os textos mais lidos. Numa pequena imagem sagrada pintada por ela para um missionário, Teresa escreve: "Eu não posso temer um Deus que por mim se fez tão pequeno! Eu o amo! Ele é só amor e misericórdia!". Trata-se da eficaz síntese de seu pensamento, expresso no fim de sua breve vida.

Luís Martin (1823-1894) e Zélia Guérin (1831-1877), um dos primeiros casais a ser canonizado (graças ao papa Francisco em 2015), casam-se em 1858 e têm nove filhos, dos quais quatro morrem em tenra idade. Teresa é a última a nascer, no dia 2 de janeiro de 1873. No verão de 1877, a mãe morre por causa de um câncer no seio e o pai se transfere de Alençon para Lisieux, onde vivem os cunhados. Teresa passará onze anos nos Buissonnets, uma casa um pouco isolada, com um ameno jardim.

Aos 10 anos, sua vida é transtornada pela entrada para o carmelo de Lisieux de Paulina, a irmã que Teresa tinha escolhido como segunda mãe. Este novo choque afetivo faz com que ela adoeça gravemente e seja vítima de alucinações e anorexia. Teresa escreverá ter sido curada no dia 13 de maio de 1883, pelo sorriso de uma estátua de Maria, venerada pela família. Na missa da meia-noite do Natal de 1886, ela passa por um momento de grande transformação e reencontra plenamente a força de ânimo que tinha perdido pela morte da mãe, força que depois haveria de conservar para sempre.

Teresa inicia um novo período de sua vida, assinalado por um extraordinário crescimento espiritual. Ela mesma narra:

> "Jesus me instruía em segredo a respeito do que se referia ao amor. Todas as grandes verdades da religião mergulhavam minha alma numa felicidade que não era desta terra. Eu pressentia o que Deus reserva para os que o amam".

Na primavera de 1887, comunica ao pai sua intenção de entrar para o mosteiro: "Entre lágrimas confidenciei que eu desejava entrar para o carmelo. Então suas lágrimas se uniram às minhas, mas ele não disse uma palavra para dissuadir-me da minha vocação". O delegado episcopal para o mosteiro, porém, opôs um veto resoluto, por causa da pouca idade. Pai e filha fazem então o pedido ao bispo, mas este não quer interferir com as ordens do superior direto do mosteiro. Então pensam em recorrer ao papa em pessoa. Uma peregrinação diocesana a Roma torna imediatamente possível esse passo e Teresa tem a oportunidade de aproximar-se de Leão XIII durante as homenagens dos peregrinos. Ela exprime sua solicitação, mas o papa responde evasivamente e ela é retirada de lá, em lágrimas, pelos guardas pontifícios.

Entretanto, no verão, uma intuição mística levou Teresa a manter-se em espírito ao pé da cruz, para recolher o sangue de Cristo e dá-lo às almas. Tendo ouvido falar do tríplice crime de certo Pranzini, tinha decidido salvá-lo do inferno com a oração e o sacrifício. No dia 1º de setembro chorou de alegria quando soube que, antes de ser guilhotinado, o condenado, até então impenitente, tinha beijado o crucifixo.

Depois de alguns meses, chega a autorização para entrar para o mosteiro aos 15 anos, e na primavera de 1888 faz sua entrada no carmelo, assumindo o nome de Teresa do Menino Jesus, como é universalmente conhecida. Está feliz, embora no dia a dia esbarre em diversos sofrimentos: as dificuldades da vida comunitária, o frio, o sóbrio regime alimentar, a aridez na oração. Não demora que chega uma dor inesperada: a enfermidade do pai, que perde a lucidez da mente.

Menos de um ano depois do ingresso, começa o noviciado e chega o momento da vestidura, quando ela acrescenta a seu nome: e da Sagrada Face. A comunidade sofre ainda o influxo do jansenismo e da imagem de um Deus justiceiro, que gera infinitos escrúpulos de consciência, inclusive em Teresa. Será ajudada a reencontrar a serenidade por um confessor jesuíta, um pregador franciscano e pela leitura das obras de João da Cruz, em particular do *Cântico Espiritual* e da *Chama viva do amor*.

Sua irmã Paulina é eleita priora e a Teresa é confiada a tarefa de compor poesias e pias recreações teatrais para várias ocasiões da vida comunitária. Após a morte do pai, entra para o carmelo também a irmã Celina, a mais próxima a Teresa pela idade, com quem sempre teve forte ligação. Ela leva junto a máquina fotográfica, que guardará para os pósteros as fotografias do rosto de Teresa, junto com um caderno de citações bíblicas, que se mostram determinantes para a espiritualidade da irmã menor. Será a irmã Paulina que, em 1907, empregará pela primeira vez a expressão "caminho da infância espiritual", retomada em 1921 por Bento XV na promulgação do decreto sobre a heroicidade das virtudes. Teresa medita muito os textos bíblicos em que Deus proclama seu amor de predileção por quem tiver um coração de criança e transcreve-os atrás da uma pequena imagem que insere no breviário, para poder meditar durante a celebração do ofício. Para Teresa a pequenez é mais do que tudo confiança: "O que agrada ao bom Deus na minha pequena alma é ver que amo a minha pequenez e a minha pobreza, é a esperança cega que nutro em sua misericórdia. É a confiança e só a confiança que deve conduzir-nos ao amor".

No *Manuscrito Autobiográfico C,* redigido três meses antes de morrer, Teresa narra a descoberta da "pequena via reta, curta, uma pequena via totalmente nova", descoberta ocorrida alguns anos antes. Depois de ter-se comparado com os santos, constata ter ficado como um grãozinho de areia aos pés de uma montanha impossível de escalar. Mergulha então no caderno de citações bíblicas de Celina (às jovens carmelitas não era permitido ler por inteiro o Antigo Testamento) e no outono de 1894 encontra as respostas que busca. São determinantes três versículos das Sagradas Escrituras: um do Livro dos Provérbios: "Quem é muito pequeno venha a mim" (Pr 9, 4) e dois do profeta Isaías: "Como uma mãe acaricia seu filhinho, assim eu vos consolarei, eu vos carregarei ao meu colo e vos farei sentar sobre meus joelhos" (Is 66, 12-13). A conclusão é clara: o elevador para a santidade que Teresa procura são os próprios braços do Senhor. Tendo descoberto os tesouros do Amor Misericordioso, Teresa se oferece a ele no dia 9 de junho de 1895, durante a missa da festa da Santíssima Trindade.

Paulina ordena que escreva suas memórias de infância para a família. Em janeiro de 1896 conclui um caderno de 86 páginas: o *Manuscrito Autobiográfico A,* no qual faz uma releitura de sua vida à luz do Amor Misericordioso. Pouco depois é eleita uma nova priora, que confia as cinco noviças à mais jovem dentre elas, ou seja, à irmã Teresa do Menino Jesus e da Sagrada Face, que permanecerá noviça por toda vida. Teresa nunca poderá chegar à profissão religiosa, por causa da norma que não a permitia em caso de haver no convento mais de duas irmãs da mesma família (antes dela e depois de Paulina tinha entrado para o carmelo também a primogênita Maria). A Teresa são confiados dois seminaristas e futuros missionários, Maurício Bellière e Adolfo Roulland, que partirão para a China e para a África: ela deverá rezar por eles e manter com eles correspondência epistolar. A eles e às cinco noviças Teresa revela o segredo de seu pequeno caminho.

De repente, sofre duas hemoptises ao longo da semana santa de 1896, no que ela lê o chamado do Esposo e se alegra por poder estar com ele em breve. Ao mesmo tempo, entra numa profunda noite interior, uma prova da fé e da esperança, que durará até a morte, a não ser em raros momentos de trégua. Ela a interpreta como um compartilhamento do estado de vida dos ateus, que ela aceita a fim de que os que não creem em Deus recebam a luz. Confessa que surgem dentro dela "grandes desejos estranhos": quereria ser presbítero, profeta, doutor da Igreja, missionária e mártir. Meditando um texto do apóstolo Paulo, finalmente descobre sua verdadeira vocação: "no coração da Igreja, minha Mãe, eu serei o Amor. Assim, serei tudo ao mesmo tempo". Pondo por escrito estas confidências para a irmã Maria, em setembro de 1896, Teresa produz uma obra-prima espiritual: o *Manuscrito Autobiográfico B.*

Começa-se a tomar em consideração sua partida para o carmelo de Saigon, no Vietnã, fundado pelo de Lisieux, mas a tuberculose, não ainda diagnosticada, vai ganhando terreno. No início de 1897, Teresa tem o pressentimento de que sua vida não será longa. Em abril, já prostrada, deve abandonar a vida comunitária: permanece na cela ou no claustro. No mês de junho, Paulina toma consciência da gravidade da situação e intervém junto à priora a fim de que a jovem irmã complete suas memórias por escrito. Febricitante, Teresa escreve ainda 36 páginas num caderninho preto: o *Manuscrito Autobiográfico C.* A própria Paulina anota as últimas palavras de Teresa, que mais tarde se tornarão os Últimos colóquios. Os três manuscritos autobiográficos serão publicados pelo carmelo um ano depois da morte de Teresa, com o título *História de uma alma,* cuja difusão ao longo do século XX será enorme.

No pequeno quarto da enfermaria, Teresa sofre, reza, chora e brinca para distrair as irmãs. Admite ter pensado no suicídio, dizendo compreender quem chega a este gesto. Sente também o profundo desejo de "fazer o bem depois de sua morte".

Morre no dia 30 de setembro de 1897, sussurrando: "Meu Deus, eu te amo!". Tinha escrito a Bellière: "Não, eu não morro, eu entro na Vida". Pio XI em 1923 a beatifica, em 1925 canoniza e em 1927 declara-a padroeira das missões, junto com Francisco Xavier.

5.2. A declaração de João Paulo II

Num quente domingo de verão, em Paris, no hipódromo de Long Champ, está para ser concluída a Jornada Mundial da Juventude (JMJ): é o dia 24 de agosto de 1997. Perante um milhão de jovens, João Paulo II dedica o *Angelus* a Teresa de Lisieux, de quem ocorre o primeiro centenário da morte, e afirma: "Sua doutrina eminente merece ser reconhecida entre as mais fecundas". Esta frase deixa entender que o papa está para dar uma notícia muito esperada e, de fato, é assim: o papa anuncia que no dia 19 de outubro proclamará doutor da Igreja Teresa do Menino Jesus e da Sagrada Face, no domingo dedicado às missões. O papa dá a notícia naquele contexto, quer porque Teresa é francesa, quer porque "a mensagem de Santa Teresa, jovem santa tão presente em nosso tempo, é particularmente adptada aos jovens".

João Paulo II atendeu numerosas solicitações; a decisão da declaração doutoral acontece depois de atentos estudos. De fato, muitas conferências episcopais, particularmente por ocasião do centenário, apresentaram idênticas solicitações, reforçando os pedidos oficiais por parte do bispo de Bayeux e Lisieux, do superior-geral da Ordem dos Carmelitas Descalços e do postulador geral da mesma Ordem, P. Simeão da Sagrada Família. A causa foi confiada à Congregação para a Doutrina da Fé e à das Causas dos Santos, separadamente, como de praxe; em seguida, numa reunião conjunta no dia 17 de junho de 1997, seguindo um procedimento autorizado pelo papa em razão de circunstância particular, foi expresso unanimemente um parecer favorável.

Seja-me permitida uma recordação pessoal. Alguns dias antes da conclusão da JMJ de Paris, eu estava no locutório do carmelo de Lisieux e, em certo momento, uma irmã veio chamar a priora, dizendo que devia atender um telefonema urgente do Vaticano. Voltou radiante e comovida, porque tinham acabado de comunicar-lhe o anúncio que papa Wojtyła faria no domingo seguinte. Pediu para não dizer nada a ninguém, pois se tratava de uma informação reservada, mas que a priora não tinha conseguido deixar de compartilhar; em seguida se despediu para informar a comunidade. Depois tive a sorte de estar presente na parte superior da praça de São Pedro por ocasião da proclamação de Teresa doutor da Igreja, na presença de milhares de pessoas.

Durante a homilia pronunciada por ocasião da celebração do doutorado, o papa sublinha a descoberta da vocação de Teresa na Igreja: a vocação do amor. Para uma síntese de sua doutrina, o papa remete para a carta apostólica *Divini amoris scientia* (A ciência do amor divino), publicada no mesmo dia, na qual apresenta as motivações que o levaram à decisão de conferir o doutorado a Teresa. Ela é um dos pequenos e dos humildes, aos quais foram revelados os segredos do reino dos céus, como diz Jesus no Evangelho. A própria contemplativa afirma ter descoberto "luzes novas, significados escondidos e misteriosos", recebendo a ciência do amor, sintetizada no assim chamado "pequeno caminho". A cem anos da morte, ela "continua a ser reconhecida como uma das grandes mestras de vida espiritual do nosso tempo".

Para o papa Wojtyła, a doutrina eminente de Teresa brota de seu carisma de sabedoria. Embora não dispondo de preparação teológica, ela aprendeu os ensinamentos divinos do Evangelho, iluminada por Jesus, por ela definido "doutor dos doutores". A síntese madura proposta pela carmelita une harmoniosamente teologia e vida espiritual e se exprime com autoridade e capacidade comunicativa, tanto é que sua doutrina se difundiu rapidamente por toda a Igreja Católica. O papa admite que "nos seus escritos talvez não encontremos, como em outros doutores, uma apresentação cientificamente elaborada das coisas de Deus", mas está presente um testemunho luminoso de fé na misericórdia de Deus, acolhida com amor e vivida na santidade. Pode-se dizer de Teresa o que Paulo VI disse de Catarina de Sena:

> "O que mais impressiona na Santa é a sabedoria infusa, isto é, a lúcida, profunda e inebriante assimilação das verdades divinas e dos mistérios da fé, favorecida, sim, por dotes naturais singularíssimos, mas evidentemente prodigiosa, devida a um carisma de sabedoria do Espírito Santo".

Com Teresa, os doutores carmelitas passam a ser três, recordando também que João Paulo II muito apreciou a espiritualidade desta Ordem.

A cronologia dos doutores da Igreja termina em 30 de setembro de 1897, dia da morte de Teresa de Lisieux. Será a história a dizer-nos quando esta data será superada.

APÊNDICE

Os doutores segundo o ano de nascimento e morte

Ireneu de Lião	130 +-	202
Hilário de Poitiers	310 +-	367
Atanásio de Alexandria	295 +-	373
Efrém, o Sírio	306	373
Basílio de Cesareia	329	379
Cirilo de Jerusalém	313 +-	387
Gregório de Nazianzo	330	389
Anbrósio de Milão	334	397
João Crisóstomo	350 +-	407
Jerônimo, o Dálmata	347	420
Cirilo de Alexandria	370 +-	430
Agostinho de Hipona	354	430
Pedro Crisólogo	390 +-	450
Leão Magno	390	461
Gregório Magno	540 +-	604
Isidoro de Sevilha	560 +-	636
Beda, o Venerável	673	735
João Damasceno	670	750
Gregório de Narek	950 +-	1003
Pedro Damião	1007	1072
Anselmo de Aosta	1033	1109
Bernardo de Claraval	1090	1153
Hildegarda de Bingen	1098	1179
Antônio de Pádua	1195	1231
Tomás de Aquino	1225	1274
Boaventura de Bagnoregio	1217	1274
Aberto Magno	1200 +-	1280

Catarina de Sena	1347	1380
João de Ávila	1499	1569
Teresa d'Ávila	1515	1582
João da Cruz	1542	1591
Pedro Canísio	1521	1597
Lourenço de Brindisi	1559	1619
Roberto Bellarmino	1542	1621
Francisco de Sales	1567	1622
Afonso Maria de Ligório	1696	1787
Teresa de Lisieux	1873	1897

Os doutores segundo o século de morte

Século III	1
Século IV	7
Século V	6
Século VII	2
Século VIII	2
Século XI	2
Século XII	3
Séculos XIII	4
Século XIV	1
Século XVI	4
Século XVII	3
Século XVIII	1
Século XIX	1

Os doutores segundo o ano e o papa de proclamação

Ambrósio de Milão	1295	Bonifácio VIII
Agostinho de Hipone	1295	Bonifácio VIII
Jerônimo, o Dálmata	1295	Bonifácio VIII
Gregório Magno	1295	Bonifácio VIII
Tomás de Aquino	1567	Pio V
Atanásio de Alexandria	1568	Pio V
Basílio de Cesareia	1568	Pio V
Gregório de Nazianzo	1568	Pio V
João Crisóstomo	1568	Pio V

Boaventura de Bagnoregio	1588	Sisto V
Anselmo de Aosta	1720	Clemente XI
Isidoro de Sevilha	1722	Inocêncio XIII
Pedro Crisólogo	1729	Bento XIII
Leão Magno	1754	Bento XIV
Pedro Damião	1828	Leão XII
Bernardo de Claraval	1830	Pio VIII
Hilário de Poitiers	1851	Pio IX
Afonso Maria de Ligório	1871	Pio IX
Francisco de Sales	1877	Pio IX
Cririlo de Alexandria	1882	Leão XIII
Cirilo de Jerusalém	1882	Leão XIII
João Damasceno	1890	Leão XIII
Beda, o Venerável	1899	Leão XIII
Efrém, o Sírio	1920	Bento XV
Pedro Canísio	1925	Pio XI
João da Cruz	1926	Pio XI
Roberto Bellarmino	1931	Pio XI
Alberto Magno	1931	Pio XI
Antônio de Pádua	1946	Pio XII
Lourenço de Brindisi	1959	João XXIII
Teresa d'Ávila	1970	Paulo VI
Catarina de Sena	1970	Paulo VI
Teresa de Lisieux	1997	João Paulo II
Hildegarda de Bingen	2012	Bento XVI
João de Ávila	2012	Bento XVI
Gregório de Narek	2015	Francisco
Ireneu de Lião	2022	Francisco

Número de proclamações doutorais por século

Século XIII	4
Século XVI	6
Século XVIII	4
Século XIX	9
Século XX	10
Século XXI (até 2020)	4

Numero de proclamações doutorais por papa

Pio V	5
Bonifácio VIII, Leão XIII, Pio XI	4
Pio IX	3
Paulo VI, Bento XVI, Francisco	2
Sisto V, Clemente XI, Inocêncio XIII, Bento XIII, Bento XIV, Leão XII, Pio VIII, Bento XV, Pio XII, João XXIII, João Paulo II	1

Os doutores em ordem alfabética, com as datas litúrgicas

Na liturgia, a memória dos santos é celebrada em graus diversos: para pouquíssimos, como solenidade (S) (Maria, José, João Batista, Pedro e Paulo); para alguns, como festa (F) (os apóstolos, os evangelistas, Maria Madalena e Lourenço mártir); para a maioria, como memória (M) ou memória facultativa (MF). A memória litúrgica dos doutores é celebrada conforme as seguintes disposições: para dezenove, com o grau de memória (M) e dezoito, com o grau de memória facultativa (MF). Para Catarina de Sena, na Itália e na Europa, é reservado o grau de festa (F), por ser padroeira. Os doutores assinalados com um asterisco (*) são citados nas ladainhas dos santos do missal romano; os assinalados com dois asteriscos (**) são citados também nas ladainhas da vigília pascal e do sacramento da ordem.

Agostinho de Hipona**	28 de agosto	M
Alberto Magno	15 de novembro	MF
Afonso Maria de Ligório	1º de agosto	M
Ambrósio de Milão*	07 de dezembro	M
Anselmo de Aosta	21 de abril	MF
Antônio de Pádua	13 de junho	M
Atanásio de Alexandria**	02 de maio	M
Basílio de Cesareia**	02 de janeiro	M
Beda, o Venerável	23 de maio	MF
Bernardo de Claraval*	20 de agosto	M
Boaventura de Bagnoregio	15 de julho	M
Catarina de Sena**	29 de abril	MF
Cirilo de Alesandria	27 de junho	MF
Cirilo de Jerusalém	18 de março	MF
Efrém, o Sírio	18 de junho	MF
Francisco de Sales*	24 de janeiro	M
João de Ávila	10 de maio	MF
João Crisóstomo*	13 de setembro	M

João Damasceno	04 de dezembro	MF
João da Cruz	14 de dezembro	M
Jerônimo, o Dálmata*	30 de setembro	M
Gregório de Narek	27 de fevereiro	MF
Gregório de Nazianzo*	02 de janeiro	M
Gregório Magno**	03 de setembro	M
Hilário de Poitiers	13 de janeiro	MF
Hildegarda de Bingen	17 de setembro	MF
Ireneu de Lião	28 de junho	M
Isidoro de Sevilha	04 de abril	MF
Leão Magno*	10 de novembro	M
Lourenço de Brindisi	21 de julho	MF
Pedro Damião	21 de fevereiro	MF
Pedro Canísio	21 de dezembro	MF
Pedro Crisólogo	30 de julho	MF
Roberto Bellarmino	17 de setembro	MF
Teresa d'Ávila**	15 de outubro	M
Teresa de Lisieux	1º de outubro	M
Tomás de Aquino*	28 de janeiro	M

BIBLIOGRAFIA ACONSELHADA

Padres da Igreja

AA.VV. (a cura di DI BERARDINO A. – FEDALTO G. – SIMO- NETTI M.), *Letteratura Patristica,* Edizioni San Paolo, Cinisello Balsamo 2007

BENEDETTO XVI, *Catechesi sui Padri della Chiesa. Da Clemente Romano a Gregorio Magno,* Libreria Editrice Vaticana e Città Nuova, Roma 2008

BENEDETTO XVI, *I Maestri. Padri e Scrittori del I millennio,* Libreria Editrice Vaticana, Cidade do Vaticano 2009

CLÉMENT O., *Nuova Filocalia. Testi spirituali d'oriente e d'occidente,* Edizioni Qiqajon, Magnano 2010

DROBNER H. – ISTITUTO PATRISTICO AUGUSTINIANUM, *Patrologia,* Piemme, Casale Monferrato 1998

QUASTEN J., *Patrologia I. Fino al Concilio di Nicea,* Marietti, Casale Monferrato 1980

QUASTEN J., *Patrologia II. Dal concilio di Nicea a quello di Calcedonia,* Marietti, Casale Monferrato 1980

INSTITUTUM PATRISTICUM AUGUSTINIANUM, P*atrologia III. Dal Concilio di Nicea (325) al Concilio di Calcedonia (451). I Padri latini,* Marietti, Casale Monferrato 1978

INSTITUTUM PATRISTICUM AUGUSTINIANUM, *Patrologia IV. I Padri latini dal Concilio di Calcedonia (451) a Beda il Venerabile (735),* Marietti, Casale Monferrato 1996

INSTITUTUM PATRISTICUM AUGUSTINIANUM, *Patrologia V. I Padri orientali dal Concilio di Calcedonia (451) a Giovanni Damasceno (750),* Marietti, Casale Monferrato 2000

PIRAS A., *Storia della letteratura patristica,* PFTS University Press, Cagliari 2008

Doutores da Igreja

BENEDETTO XVI, *I Maestri. Padri e Scrittori del medioevo,* Libreria Editrice Vaticana, Cidade do Vaticano 2010

BENEDETTO XVI, *I Maestri. Francescani e Domenicani,* Libreria Editrice Vaticana, Cidade do Vaticano 2010

BENEDETTO XVI, *Dottori della Chiesa,* Libreria Editrice Vaticana, Cidade do Vaticano 2011

MCGINN B., *I Dottori della Chiesa. Trentatré uomini e donne che hanno dato forma al cristianesimo,* Editrice Queriniana, Brescia 2002

WODRAZKA P. B., *Eminente dottrina. La procedura per il conferimento del titolo di Dottore della Chiesa,* Fede & Cultura, Verona 2019

História da teologia

AA.VV. (edição de DAL COVOLO E.), *Storia della teologia. I. Dalle origini a Bernardo di Chiaravalle,* EDB, Bolonha 2015

AA.VV. (edição de DAL COVOLO E.), *Storia della teologia. II. Da Pietro Abelardo a Roberto Bellarmino,* EDB, Bolonha 2015

AA.VV. (edição de DAL COVOLO E.), *Storia della teologia. III. Da Vitus Pichler a Henri de Lubac,* EDB, Bolonha 2015

LACOSTE J.-Y., *Storia della teologia,* Queriniana, Brescia 2011

História da Igreja

LAITI G. – SIMONELLI C., *Manuale di Storia della Chiesa. I. L'età antica* (dir. DELL'ORTO U. – XERES S.), Morcelliana, Brescia 2018

APECITI E. – CECCON S. – MAMBRETTI R., *Manuale di Storia della Chiesa. II. Il medioevo* (dir. DELL'ORTO U. – XERES S.), Morcelliana, Brescia 2017

BESOSTRI F. – DELL'ORTO U. – SILVA C., *Manuale di Storia della Chiesa. III. L'epoca moderna* (dir. DELL'ORTO U. – XERES S.), Morcelliana, Brescia 2017

GUASCO M. – MANFREDI A. – XERES S., *Manuale di Storia della Chiesa. IV. L'epoca contemporanea* (dir. DELL'ORTO U. – XERES S.), Morcelliana, Brescia 2017